O ENIGMA
E O ESPELHO

Uma análise dos discursos de
Erasmo de Roterdã sobre a paz

LUIZ PAULO ROUANET

humanística

Edições Loyola

Dados Internacionais de Catalogação na Publicação (CIP)
(Câmara Brasileira do Livro, SP, Brasil)

Rouanet, Luiz Paulo
O enigma e o espelho : uma análise dos discursos de Erasmo de Roterdã sobre a paz / Luiz Paulo Rouanet. -- São Paulo : Edições Loyola, 2024. -- (Coleção humanística ; 44)

ISBN 978-65-5504-368-6

1. Discursos 2. Erasmo de Rotterdam, 1466-1536 3. Humanismo 4. Paz (Filosofia) I. Título. II. Série.

24-226560   CDD-128

Índices para catálogo sistemático:
1. Humanismo : Antropologia filosófica   128
Eliete Marques da Silva - Bibliotecária - CRB-8/9380

Capa: Ronaldo Hideo Inoue
(execução a partir do projeto gráfico
original de Manu Santos)
Diagramação: Telma Custódio

Edições Loyola Jesuítas
Rua 1822 nº 341 – Ipiranga
04216-000 São Paulo, SP
T 55 11 3385 8500/8501, 2063 4275
editorial@loyola.com.br
vendas@loyola.com.br
www.loyola.com.br

Todos os direitos reservados. Nenhuma parte desta obra pode ser reproduzida ou transmitida por qualquer forma e/ou quaisquer meios (eletrônico ou mecânico, incluindo fotocópia e gravação) ou arquivada em qualquer sistema ou banco de dados sem permissão escrita da Editora.

ISBN 978-65-5504-368-6

© EDIÇÕES LOYOLA, São Paulo, Brasil, 2024

105861

humanística

44

À minha capitã, minha amada Nancy.

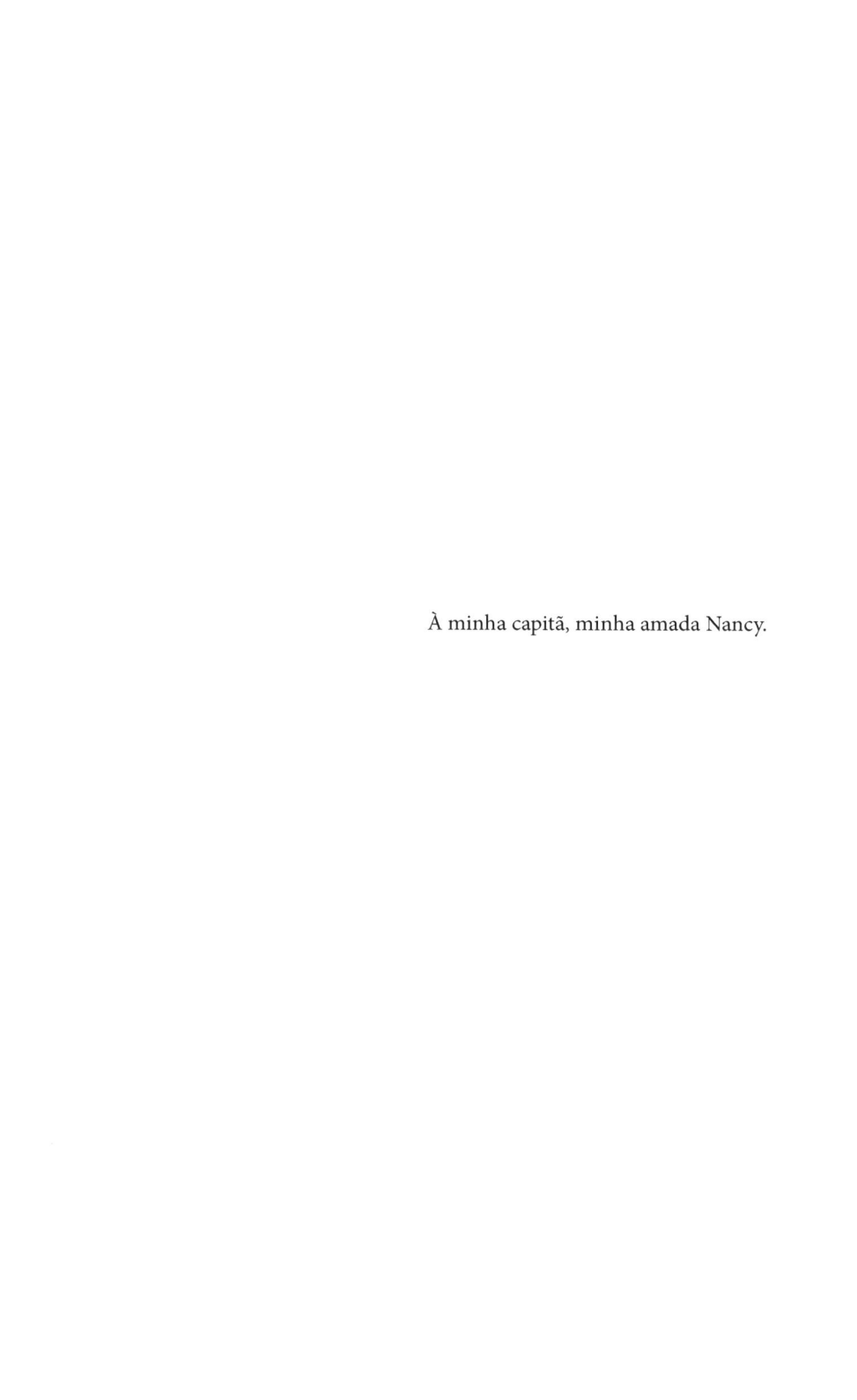

A suma de nossa religião é a paz e a concórdia, o que só se pode manter sem dificuldade sob uma condição: definir o menor número possível de dogmas e, para muitas coisas, deixar cada um a seu próprio juízo. É que de fato a obscuridade de muitas questões é imensa. Além disso, é um mal inato no espírito dos homens, que eles não sabem mais ceder, desde que uma coisa foi posta em discussão... Para muitos problemas apela-se hoje em dia ao concílio ecumênico; seria melhor remetê-los para o dia em que, o enigma e o espelho tendo desaparecido, veremos Deus face a face (Erasmo de Roterdã, "Carta a Jean Carondelet", arcebispo de Palermo, 5 de janeiro de 1523).

É somente pela conversão ao Senhor que o véu cai. Pois o Senhor é o espírito, e, onde se acha o Espírito do Senhor, ali está a liberdade. E nós todos, que, com a face descoberta, refletimos como num espelho a glória do Senhor, somos transfigurados nessa mesma imagem (2Cor 3,16-18).

Sumário

Introdução	11
1. Dois exemplos clássicos: Tomás de Aquino e John Locke	13
2. O debate atual sobre a tolerância: o caso Michael Walzer	17
3. O cosmopolitismo de David Held	25
4. Conclusão	26

1. O pensador da paz no século da intolerância 29
   1. O homem Erasmo 31
   2. *Dulce bellum inexpertis* 33

2. *Querela pacis* 51
   1. Preâmbulo (§§ 1-10) 52
   2. *Intermezzo* (§§ 11-16) 59
   3. Terceira parte (§§ 17-29) 68
   4. Quarta parte (§§ 30-56) 69

3. A doutrina erasmiana da paz 81
   1. A *Consultatio de bello Turcis inferendo* 82
   2. A doutrina erasmiana da paz 83

Conclusão 91

Referências 93

Introdução

Este livro teve origem em minha tese de doutorado, *O enigma e o espelho: uma análise dos discursos sobre a paz de Erasmo e Rawls*, defendida na FFLCH-USP (Faculdade de Filosofia, Letras e Ciências Humanas da Universidade de São Paulo) em março de 2000. Constituiu a primeira parte da tese, tendo sido publicada a segunda parte como *Rawls e o enigma da justiça* (São Paulo: Unimarco, 2002).

Desde então, publiquei, em 2010, pelas Edições Loyola, *Paz, justiça e tolerância*, que continha artigos meus produzidos na primeira década do século XXI, abrangendo textos sobre Erasmo, Rawls e outros autores e temas. Os desafios da vida acadêmica, a mudança de instituição (desde a PUC-SP [Pontifícia Universidade Católica] e a Universidade São Marcos, passando pela PUC-Campinas e chegando à UFSJ [Universidade Federal de São João del-Rei], na qual me encontro até hoje), entre outros fatores, fizeram com que adiasse a publicação deste livro.

Minha esposa, Nancy, sempre me incentivou a retomar este trabalho, e agora, após as atribulações da pandemia e do trabalho remoto, animei-me a fazê-lo.

O presente trabalho visa tratar de duas noções correlatas, a tolerância e a paz, que se incluem no tema mais geral da justiça internacional ou global. Entendemos por "justiça internacional ou global" não apenas o Direito Internacional, mas uma questão muita mais ampla envolvendo padrões de distribuição de riqueza, violência privada ou institucionalizada, carências de diversas ordens, como fome, falta de segurança, moradia, saúde etc. Envolve ainda a repressão política e/ou policial, o acesso às oportunidades em condições de igualdade e assim por diante.

Um dos principais temas nos quais esbarramos ao pensar a aplicabilidade das medidas para tentar diminuir a justiça global é a tolerância. Desde Santo Tomás, e sua *Suma contra os gentios*, passando por Erasmo, com sua *Querela pacis*, entre outros textos, Leibniz, com sua correspondência, escritos em geral e atividade diplomática, Locke, com sua *Carta sobre a tolerância*, o Abbé de Saint-Pierre, com seu *Projet pour rendre la paix perpétuelle en Europe*, Kant, com seu *À paz perpétua*[1], até as discussões atuais em torno do pluralismo e do multiculturalismo, muita coisa mudou (AQUINO, 1973; LOCKE, 1952)[2]. Começaremos, pois, reconstituindo os principais termos desse debate e, *grosso modo*, sua evolução histórica.

Erasmo foi o principal defensor da tolerância e da paz no século que se caracterizou justamente pela intolerância e pelas guerras, mormente as de religião. Gostaríamos de pensar essa contradição, para saber se ela se deve a uma mera inadaptação do pensador à sua época ou se, pelo contrário, era o mundo que não estava preparado para as ideias dele. Em outros termos, investigar se a derrota de Erasmo, em seu próprio século – após um período de sucesso durante a vida do autor –, deve-se à inconsistência de sua doutrina ou se faltaram condições históricas e políticas para implementar as teses do autor. Neste último caso, seria preciso pensar também em que medida o mundo de hoje, no começo do século XXI, estaria mais bem preparado para receber suas ideias, o que foi tratado em outros lugares (ROUANET, 2002 e 2010).

Consideramos que se pode aproximar o discurso sobre a paz do pensador humanista Erasmo de Roterdã das atuais discussões sobre a paz e a justiça mundiais, especialmente os últimos textos do pensador norte-americano John Rawls, assim como de Michael Walzer e Richard Rorty, entre outros. O principal foco deste livro, no entanto, é expor uma parte

---

1. Estes dois últimos tratados em nossa dissertação de mestrado (cf. ROUANET, 1994).
2. Em relação às discussões mais recentes, as obras serão citadas ao longo do trabalho, mas podem ser mencionadas desde já duas referências importantes: Clifford GEERTZ, 1989, e Michael WALZER, 1997.

do pensamento de Erasmo sobre a paz. Acreditamos que os textos aqui trabalhados: o adágio "A guerra é doce para os que não a experimentaram", a *Querela pacis* e a *Consultatio de bello Turcis inferendo* são textos pouco ou nada conhecidos. Em um mundo que vê ressurgirem guerras fratricidas, genocídios e conflitos tribais, as reflexões de Erasmo parecem mais do que pertinentes.

A seguir, efetuaremos um pequeno panorama a respeito da paz e da tolerância, de Santo Tomás de Aquino a John Rawls.

1. Dois exemplos clássicos: Tomás de Aquino e John Locke

A inserção de Santo Tomás neste contexto se justifica, entre outras coisas, porque, na *Suma contra os gentios*, o Doutor Angélico discorre a respeito da dificuldade, se não impossibilidade, de *argumentar com*, ou tentar *persuadir a*, quem não dispõe dos mesmos referenciais. O trecho talvez mais conhecido dessa *Suma*, e também o mais central para nossa atual discussão, consiste em dois parágrafos que merecem citação na íntegra:

> É difícil refutar todos os erros, e isso por duas razões. A primeira está em que as afirmações sacrílegas de cada um daqueles que caíram no erro não nos são conhecidas a tal ponto que possamos extrair delas argumentos para confundi-los. Aliás, era assim que procediam os antigos doutores para destruir os erros dos pagãos, cujas posições podiam conhecer, ou porque eles mesmos haviam sido pagãos, ou porque pelo menos viviam entre os pagãos e conheciam os seus ensinamentos.
> A segunda razão que nos impede de refutar todos os erros contrários à fé católica é que alguns dos autores desses erros, como os maometanos e os pagãos, não concordam conosco no reconhecimento da autoridade das Sagradas Escrituras, mediante as quais poderíamos convencê-los, ao passo que, com respeito aos judeus, podemos discutir à base do Antigo Testamento, e, com respeito aos cristãos heréticos, podemos discutir com base nos escritos do Novo Testamento. Assim sendo, somos obrigados a recorrer à razão natural, à qual todos necessariamente devem aderir. Acontece, porém, que a razão natural pode enganar-se nas coisas de Deus (AQUINO, 1973, 64-65).

Destacamos, do primeiro parágrafo, a utilidade de conhecer bem o adversário, quer tendo sido ele próprio um daqueles a quem se pretende refutar, quer tendo vivido entre eles. É preciso, portanto, saber como pensa o seu interlocutor, conhecer suas razões e o eventual motivo do erro a fim de poder convencê-lo de algo. Independente da finalidade, a atitude de se pôr na posição do outro, de querer saber como o outro pensa, é algo que merece ser retido para nossa discussão ulterior.

Do segundo parágrafo, destacamos a necessidade de um referencial comum para a discussão, de uma base de informações até certo ponto compartilhada, para que se possa encetar uma discussão visando ao convencimento das partes. No caso dos muçulmanos, tal diálogo era dificultado pela proibição, por Maomé, da leitura por "seus discípulos dos livros do Antigo e do Novo Testamento" (AQUINO, 1973, 70).

Para convencer, ou *converter* os adversários, Tomás de Aquino propõe a utilização de duas espécies de razões, demonstrativas e prováveis:

> A manifestação da verdade sob a primeira modalidade exige que procedamos pelo caminho de razões demonstrativas, capazes de convencer o adversário. Ora, tais razões não valem para a verdade considerada sob o segundo aspecto, não se deve visar convencer o adversário mediante a argumentação, mas sim dar solução às objeções que ele alega contra a verdade, uma vez que a razão natural não pode contrariar a verdade de fé (AQUINO, 1973, 71; ver TORRELL, 1999, 127ss).

O que nos interessa aqui, e que iremos reter para nossa discussão do debate contemporâneo sobre a tolerância, é essa segunda espécie de razão, provável, que visa argumentar com ou persuadir o adversário não diretamente mas sim mediante exemplos.

Eis, portanto, o que desejamos reter dessa brevíssima discussão do texto de Santo Tomás: sua atitude "antropológica" *avant la lettre*, de se posicionar no lugar do outro, a necessidade de um referencial comum e a possibilidade de uma comunicação que não vise diretamente persuadir o adversário, buscando alternativas à razão argumentativa.

O segundo texto clássico que deve servir de base para nossa discussão é o texto de John Locke *Carta sobre a tolerância*. Na epístola – de resto muito bem escrita, desfazendo o equívoco sobre o estilo do autor, má fama devida, em parte, talvez, às traduções[3] –, o pensador inglês, solici-

---

3. Algo que começou a ser corrigido. Ver LOCKE, 2019. Ver, também, LOQUE (org.), 2022.

tado a dar o seu parecer sobre as relações de tolerância entre os cristãos, revela ideias com certeza bastante avançadas para a época, embora não inéditas. Defende a completa separação entre os assuntos do governo e os assuntos religiosos. Isso visa a um duplo fim: "Para que uns não possam camuflar sua perseguição e crueldade não cristãs com o pretexto de zelar pela comunidade e pela obediência às leis; e que outros, em nome da religião, não solicitem permissão para a sua libertinagem e licenciosidade"[4]. Para evitar o risco dessa mútua interferência, Locke considera "acima de tudo necessário distinguir exatamente entre as funções do governo civil e as da religião, e estabelecer as verdadeiras fronteiras entre Igreja e comunidade" (LOCKE, 1952, 2; LOCKE, 1978, 5).

Interessam-nos as definições que Locke dá em seguida da república (*commonwealth*), da sociedade civil e dos deveres do magistrado:

> A república (*commonwealth*) parece-me ser uma sociedade de homens constituída apenas para a busca, preservação e promoção dos seus interesses civis.
> Denomino interesses civis a vida, liberdade, saúde e repouso; e a posse de bens exteriores, como dinheiro, terras, moradias, móveis e coisas que tais.
> É o dever do magistrado civil, por meio da execução imparcial de leis equânimes, assegurar ao povo em geral e a cada cidadão em particular a justa posse desses bens ligados a esta vida (LOCKE, 1952, 3; LOCKE, 1978, 5).

O governo civil deve, portanto, zelar pela posse dos bens terrenos. No plano religioso, porém, cada um é deixado à própria consciência. Ninguém, segundo Locke, pode ser obrigado a seguir determinado credo, mesmo porque, conforme argumenta, não se pode fazê-lo sem fé, pois se trata de uma convicção interior imune à coação exterior. "Toda a vitalidade e o poder da verdadeira religião consiste na persuasão íntima e plena da mente; e não existe fé sem a crença" (ibid.). Por esse motivo, ainda, os magistrados não devem interferir em assuntos de religião, exceto quando isso de algum modo ameaçar o Estado:

> Afirmo que o poder do magistrado não se estende, pela força de suas leis, ao estabelecimento de nenhum artigo de fé ou forma de culto. Pois as leis

---

4. LOCKE, 1952, 2, tradução nossa; para um cotejo da tradução, ver LOCKE, 1978, 5.

não imperam sem penalidades, e penalidades neste caso são absolutamente impertinentes, porque não são de molde a convencer a mente (ibid.).

Quanto à inconveniência de haver uma religião oficial, imposta pelos governantes seja a seu próprio país, seja a vários países, Locke se pronuncia da seguinte forma:

Pois, se houvesse uma só verdade, uma só via para o céu, que esperança haveria que a maioria dos homens a alcançasse, se os mortais fossem obrigados a ignorar os ditames de sua própria razão e consciência, e cegamente sujeitarem-se à vontade de seus governantes e à religião que seja a ignorância, seja a ambição, seja a superstição, por azar houvesse estabelecido nos países onde nasceram? Na variedade e contradição de opiniões em termos de religião, nas quais os príncipes do mundo acham-se tão divididos quanto em seus interesses seculares, o caminho mais estreito seria o seguinte: um só país estaria certo, e todo o resto do mundo obrigado a seguir seus príncipes nas vias que levam à destruição; e o que aumenta o absurdo, e se conforma muito mal à noção de divindade: os homens iriam dever sua felicidade ou desgraça eternas aos lugares onde nasceram (LOCKE, 1952, 4 e 6).

Quanto à Igreja, Locke a define como "uma sociedade voluntária de homens que se reúnem por iniciativa própria visando à adoração pública de Deus, da maneira que julguem que Lhe seja aceitável e conducente à salvação de suas almas" (ibid.). Trata-se de uma "sociedade livre e voluntária", acrescenta.

Segue-se dessa separação entre a ordem espiritual e a material que "nenhuma pessoa privada tem direito algum de prejudicar a outra pessoa no que diz respeito a suas prerrogativas civis pelo fato de pertencer a outra igreja ou religião" (LOCKE, 1952, 6 e 9).

Percebem-se indícios, no texto de Locke, de que a rigor existe até uma subordinação da Igreja ao Estado, como na seguinte passagem: "Na verdade, devemos reconhecer que a Igreja [...] tem muito mais probabilidade de ser influenciada pelo Tribunal do que este pela Igreja" (LOCKE, 1952, 10 e 14). Cabe à república zelar pelos bens do cidadão, bens estes entendidos de modo amplo, incluindo a vida ou mesmo a "boa vida". Só cabe ao governo intervir, como já foi dito, quando esses bens são ameaçados por motivo de sedição. Esses motivos, diz Locke, raramente são de origem puramente religiosa:

Se os homens se metem em conspirações sediciosas, não é a religião que os inspira em suas reuniões, mas seus sofrimentos e opressões que os fazem desejar libertar-se. [...] Há somente uma coisa que leva as pessoas a se reunirem em revoltas sediciosas, a saber, a opressão (LOCKE, 1952, 19 e 25).

Locke defende o caráter saudável e necessário da diversidade de opiniões. Diz ele: "Não foi a diversidade de opiniões (que não pode ser evitada), mas a recusa em tolerar aqueles que têm opiniões diferentes das nossas (que poderiam ter sido admitidas), que provocou todas as confusões e guerras que assolaram o mundo cristão em nome da religião" (LOCKE, 1952, 20 e 27).

Em adendo, John Locke define heréticos e cismáticos. Não pode ser herético alguém que pertence simplesmente a outra religião. Tanto a heresia como o cisma são ambos facções dentro da mesma religião.

Vemos, assim, que muitas das ideias de Locke continuam válidas e podem perfeitamente ser aproveitadas no âmbito do debate atual sobre a tolerância, que é o nosso próximo item.

2. O debate atual sobre a tolerância: o caso Michael Walzer

Michael Walzer é um autor normalmente considerado comunitarista e tido por alguns como "relativista". Em primeiro lugar, no debate entre "liberais e comunitaristas", Walzer parece situar-se em uma posição intermediária, mais próximo, é verdade, dos segundos do que dos primeiros, mas não totalmente identificado com eles. Enquanto rótulo, portanto, a denominação "comunitarista" parece explicar mal sua posição, sendo preferível uma exposição do seu pensamento em seus detalhes, com sua noção de "igualdade complexa", entre outras, o que não iremos fazer aqui[5]. Iremos nos centrar em sua obra sobre a tolerância e em outros textos seus que tratam direta ou indiretamente da justiça global. Em relação à acusação de "relativismo", também lidaremos com ela a seu tempo, ao respondermos às críticas que são feitas a Walzer.

---

5. Para uma visão geral do debate, ver Stephen MULHALL e Adam SWIFT (eds.), 1997. Sobre Michael Walzer, mais especificamente sobre a teoria da justiça, ver cap. 4, 127-156. Pode-se consultar também Chandran KUKATHAS e Philip PETTIT, 1995.

Comecemos pela descrição por Walzer do tema de seu livro: "O meu tema é a tolerância – ou, talvez, melhor dizendo, a pacífica coexistência de grupos de pessoas com diferentes histórias, culturas e identidades, que é o que a tolerância torna possível" (WALZER, 1997, 2).

O que Walzer se propõe, mais do que *prescrever* normas de comportamento – seja por parte do Estado, seja por parte dos povos, ou pessoas, normas que seriam compatíveis com uma maior tolerância global –, é *descrever* diversas modalidades de tolerância, em um método que parece ser sua marca registrada desde os seus primeiros livros, como *Das obrigações políticas*, *Guerras justas e injustas*, passando por *Esferas da justiça* até chegar à obra que estamos analisando. O método consiste em oferecer o maior número possível de exemplos para ilustrar um determinado tema. Lembra a segunda estratégia preconizada por Tomás de Aquino, que consistia em raciocinar mediante o uso de "razões prováveis", de preferência à razão demonstrativa ou argumentativa. Assim, Michael Walzer não está tentando *persuadir* o seu leitor, mas limita-se a apresentar o maior número de casos para que o leitor possa se convencer a si mesmo. Não se trata de um discurso "objetivista", com proposições do tipo: "A tolerância é...", ou: "O comportamento tolerante consiste em...". Em vez disso, o autor procura levantar certo número de hipóteses e explorá-las mediante o uso de exemplos[6].

O pensamento de Michael Walzer assume que vivemos em uma sociedade pluralista, na qual dificilmente as pessoas chegarão a um consenso sobre qual *a* melhor alternativa para uma sociedade justa. Há prós e contras em relação a todas as teorias, e consistiria em "mau utopismo" considerar que poderia haver uma alternativa que não tivesse efeitos colaterais:

> Às vezes, pelo menos, e provavelmente com muita frequência, as coisas que admiramos em um arranjo histórico particular acham-se funcionalmente relacionadas às coisas que tememos ou de que não gostamos. É um exemplo do que poderia ser chamado de "mau utopismo" imaginar que podemos reproduzir ou imitar as primeiras e evitar as últimas. A filosofia tem de ser

---

6. Em relação ao objetivismo da linguagem, ver Richard RORTY, 1992; por exemplo, 104ss. Ver também Isaiah BERLIN, 1991, 69-83.

historicamente informada e sociologicamente competente se quiser evitar o mau utopismo e reconhecer as duras escolhas que muitas vezes precisam ser feitas na vida política (WALZER, 1997, 5).

Trata-se, sem dúvida, de uma escolha "pragmática". Não discutiremos aqui as implicações filosóficas do termo ou a corrente que dele recebe sua denominação, bastando indicar que Rorty é um dos principais herdeiros da escola que se denomina "pragmatista", e Walzer, com certeza, tem muitas afinidades com o pensamento desse autor. O que é importante esclarecer, no contexto da citação acima, é que, se Michael Walzer não se alinha simplesmente do lado dos utopistas, já que não consegue conceber um único modelo que resolva de uma vez por todas os problemas da desigualdade, da violência, da injustiça etc., também não pode ser situado do lado dos *realistas*, que veem as relações entre as pessoas e entre os povos ou Estados exclusivamente em termos de relações de poder, sem margem para nenhum idealismo. O que Walzer parece preconizar são modelos formados à base de tentativa e erro, apoiados na história e submetidos ao escrutínio e à aprovação dos povos envolvidos. Na continuação do parágrafo acima citado, ele afirma:

> Quanto mais duras as escolhas, menos provável é que um resultado, e somente um, receba aprovação filosófica. Talvez devamos escolher este caminho aqui e aquele outro ali, este modo agora, aquele outro no futuro. Talvez nossas escolhas devam ser tentativas e experimentais, sempre sujeitas à revisão ou mesmo rejeição (WALZER, 1997, 5).

Walzer admite que sua posição é relativista, mas acrescenta que não está defendendo um "relativismo irrestrito", pois é preciso, afinal, fazer uma escolha, e uma escolha *moral* (WALZER, 1997, 5). Dado o conjunto do pensamento de Walzer, podemos inferir que o seu uso do termo "moral" toma por referência a moral comum, aquela disseminada nas crenças e hábitos das pessoas nas sociedades de todo o mundo. Não parece provável que esteja se referindo a uma moral transcendental, do tipo kantiana, *a priori*.

Nesse contexto, merece citação o seguinte trecho de Rorty (1992, 121): "Uma ética universalista parece ser incompatível com o ironismo muito simplesmente porque é difícil imaginar afirmar tal ética sem uma doutrina sobre a natureza do homem. Tal recurso à essência real é a antítese do ironismo". Sobre Rorty e o que ele chama de "ironismo", voltaremos a falar adiante.

Quanto ao relativismo, parece difícil sequer pensar a noção de tolerância sem admitir um relativismo qualquer, mesmo que não absoluto (e "relativismo absoluto" não poderia ser mesmo considerado como uma contradição em termos? A posição dos que defendem um relativismo desse tipo parece, no limite, inconsistente).

Tomemos como exemplo de definição do relativismo – termo do qual aliás, em nossa opinião, deveria ter retirada a conotação pejorativa *a priori* – de Sir Isaiah Berlin (1991, 76):

> Acredito que ele [o relativismo] signifique uma doutrina segundo a qual o juízo de um homem ou de um grupo – sendo a expressão ou declaração de um gosto, de uma atitude ou ponto de vista ditados pela emoção – é algo, em si mesmo, sem nenhum correlato objetivo que determine sua validade ou inexatidão.

Trata-se, fundamentalmente, de uma atitude de *suspensão de juízo*. O que não impede de termos as nossas próprias posições e de procurarmos pô-las em debate. O que nos parece difícil de sustentar é a *imposição* de nossas ideias, sem alguma espécie de negociação, de busca de alternativas e da tentativa de chegar a um acordo (embora não consenso, pois a unanimidade que essa noção implica não se revela algo factível no mundo complexo e globalizado em que vivemos).

Voltando a Michael Walzer, eis o tipo de tolerância que ele procura analisar em seu livro:

> Ocupo-me, portanto, com a tolerância quando as diferenças em jogo são culturais, religiosas e concernentes aos modos de vida – quando os outros não são copartícipes, quando não existe jogo comum e quando não há uma necessidade intrínseca para as diferenças que eles cultivam e produzem (WALZER, 1997, 9)[7].

---

7. Para possibilitar um melhor acompanhamento, reproduzo o texto original: "My concern, then, is with toleration when the differences at issue are cultural, religious, and

Walzer não está preocupado em estudar a intolerância em relação a excentricidades individuais, que não constituem, a seu ver, um risco maior, nem com a intolerância propriamente política, pois, a seu ver, "a tolerância da diferença [...] é intrínseca à política democrática" (WALZER, 1997, 9). Preocupa-se com a diferença enquanto se manifesta no dia a dia das comunidades, ou povos, no embate cotidiano dos grupos culturais, étnicos, religiosos etc. Esse parece ser o verdadeiro teste da tolerância, teste pelo qual seriam reprovados, atualmente, países como a Ex-Iugoslávia, a Indonésia, a Índia e outros[8].

Em todo caso, a escolha por Walzer de esferas não diretamente políticas não é casual. Trata-se sem dúvida de uma nova visão de mundo, que procura, baseada, entre outras disciplinas, na etnografia, estudar os casos concretos tal como se manifestam no cotidiano, levando em conta as crenças, costumes locais, história dos povos a fim de entender suas especificidades, suas diferenças. Isso não significa simplesmente *aceitá-las*, mas se trata de compreendê-las a fim de enriquecer o debate. Consentânea com essa visão de mundo é a descrição que efetua Rorty das principais diferenças entre o metafísico liberal e o ironista liberal:

> A associação que o metafísico faz da teoria à esperança social e da literatura à perfeição privada é invertida numa cultura liberal ironista. Dentro de uma cultura metafísica liberal, as disciplinas que eram encarregadas de penetrar para além das muitas aparências privadas, no sentido da realidade comum geral única – a teologia, a ciência, a filosofia –, eram aquelas que se esperava unissem os seres humanos e, assim, ajudassem a eliminar a crueldade. Numa cultura ironista, pelo contrário, é às disciplinas que se especializavam na descrição densa do privado e do idiossincrático que se atribui essa função. Em particular, *os* **romances e as obras etnográficas**, que sensibilizam para a dor dos que não falam a nossa linguagem, têm de desempenhar a função que se pretendia que as demonstrações de uma natureza humana comum desempenhassem. A solidariedade tem de ser construída a partir de peque-

---

way-of-life differences – when the others are not fellow participants and when there is no common game and no intrinsic need for the differences they cultivate and enact".

8. Do ponto de vista político, que é deixado de lado por Walzer, também seria reprovado no teste da tolerância um país como a China comunista, um caso de intolerância por parte do Estado; em relação a Cuba, é difícil fazer uma avaliação tão taxativa; para tanto seriam necessários mais elementos.

nas peças, e não encontrada já à nossa espera, na forma de uma *ur*-linguagem que todos reconheçamos ao ouvi-la (RORTY, 1992, 128; negrito nosso).

Como exemplo dessa sensibilização pela literatura, podemos tomar, mais uma vez, Isaiah Berlin, que, numa espécie de autobiografia intelectual, descreve o seu contato com os escritores russos, particularmente Tolstoi, como tendo lhe revelado muito mais, talvez, sobre os aspectos morais do homem do que qualquer obra teórica:

> Li *Guerra e paz*, de Tolstoi, cedo demais, quando ainda era jovem. O verdadeiro impacto que me causou esse grande romance só se revelou mais tarde, junto com aquele provocado por outros escritores russos, tanto romancistas quanto pensadores sociais, da metade do século XIX. [...] A abordagem deles pareceu-me essencialmente moral: preocupavam-se de maneira mais profunda com tudo aquilo que causava injustiça, opressão e falsidade nas relações humanas, com o aprisionamento seja por muros de pedra seja pelo conformismo – a submissão aquiescente aos jugos criados pelo homem –, com a cegueira moral, o egoísmo, a crueldade, o desespero, por parte de tantos homens (BERLIN, 1991, 14-15).

Assim, Michael Walzer parece à vontade nessa tradição de pensadores "ironistas", isto é, aqueles que duvidam de si mesmos, que não consideram que suas opiniões são absolutamente verdadeiras a ponto de *impô-las* aos outros custe o que custar. Não significa que não tenham opiniões, mas sim que buscam disseminar o que pensam por outros meios que não o discurso do *convencimento* direto, da persuasão, a via argumentativa a que acima nos referimos.

No capítulo 2, Michael Walzer descreve cinco regimes de tolerância: os impérios multinacionais, a sociedade internacional, as "consociações" (federações), os Estados-nação e as sociedades imigrantes. Cada um desses "tipos" representa um modelo diferente de tolerância. O primeiro, o império multinacional, consiste na "tolerância" praticada por potências conquistadoras, como foram, por exemplo, o império romano e o persa. No caso de Roma, é conhecido seu sistema de não interferir basicamente com os costumes locais, apenas assegurando a obediência de suas principais lideranças (ou exterminando-as quando não obtivesse êxito). Trata-se de uma "guetização", um reconhecimento e respeito às diferenças, dentro de certos limites. Não se trata, com certeza, de um modo "liberal ou democrático"; "pode ser brutalmente repressivo com a finalidade de manter suas conquistas" (WALZER, 1997, 15).

O segundo tipo de regime de tolerância é a sociedade internacional, que Walzer considera como algo bastante abstrato, já que dificilmente se trata de um regime, ou, se é um, é extremamente fraco (id., 19). Walzer diz em conclusão sobre a sociedade internacional que ela é "tolerante por princípio, e eventualmente mais tolerante, além de seus próprios princípios, devido à debilidade de seu regime" (id., 22). Em outros termos, a sociedade internacional é tolerante porque não pode ser de outra forma, devido à própria debilidade de sua estrutura, que dificilmente tem poder coativo sobre as diversas nações que a compõem.

O terceiro tipo é o das "consociações" ou federações. Walzer tenha em mente Estados bi ou trinacionais, como a Suíça, a Bélgica, o Líbano ou mesmo a Bósnia (ibid.). O autor não quer excluir esse modelo, mas a tolerância parece se equilibrar sobre uma base frágil. Os exemplos mesmos escolhidos pelo autor demonstram a que ponto é frágil ou mesmo ausente a tolerância em regimes confederativos como os citados. Mesmo na modelar Suíça, não há como negar um tratamento diferenciado para os cantões italianos e romanches, em relação aos dominantes franceses e alemães, sendo os habitantes daqueles objetos de discriminação por parte dos habitantes destes.

O Estado-nação parece ser um lugar menos favorável à tolerância do que os tipos anteriormente citados. "Há menos espaço para a diferença nos Estados-nação, mesmo naqueles liberais, do que nos impérios ou consociações multinacionais – bem menos, é óbvio, do que na sociedade internacional" (id., 27).

Finalmente, o quinto regime de tolerância descrito por Walzer é o das sociedades imigrantes. Seriam sociedades que foram formadas por ondas de imigrantes, os quais têm de conviver, quer queiram, quer não, não podendo formar um Estado-nação novo exclusivamente com sua própria etnia ou formação religiosa ou cultural. Exemplos típicos são os Estados Unidos e o Canadá, com exceção do Quebec, que se formou como uma colônia. A questão da tolerância surge em meio à própria intolerância: cada grupo se pretende mais nativo do que o outro, mas em última instância são forçados a aceitar a presença dos demais grupos. Já se mostrou como cada grupo que chega vê a vinda de outros grupos com hostilidade, considerando-se a si próprios como habitantes mais "legítimos" do que os recém-chegados (cf. EOYANG, 1995). Já no Canadá, o princípio da tolerância parece estar implícito em sua própria carta. Quando se assume a nacionalidade canadense, um dos principais juramentos é respeitar o seu próximo (cf. GLENDON, 1991; NICKEL, 1987; SHUE, 1996).

Nos capítulos seguintes, Walzer expõe casos complexos, nos quais nenhum desses tipos aparece de forma pura, como é o caso da França, exemplo clássico de Estado-nação e ao mesmo tempo uma sociedade imigrante (e hoje, ainda, fazendo parte da Comunidade Europeia). A própria Comunidade Europeia aparece para Walzer como experimento relativamente novo, e por isso difícil de ser avaliado, mas em princípio propício ao exercício da tolerância (o que não impede, ou mesmo provoca, atritos com grupos minoritários nacionais intolerantes, dentro e fora da França). Walzer examina ainda o que chama de "tolerância moderna e pós-moderna", e termina refletindo sobre o multiculturalismo nos Estados Unidos.

Como crítica, aqui, ressentimo-nos, às vezes, de uma posição mais taxativa por parte de Walzer. Suas descrições acabam perdendo um pouco de sua validade, na medida em que não vêm acompanhadas de uma reflexão mais posicionada por parte do autor. Esse método faz pensar naquele adotado por Foucault em seus livros, como *Vigiar e punir*, onde critica todos os sistemas vigentes de punição e de educação, mas sem propor algo em seu lugar, indo de encontro ao método científico preconizado, entre outros, por Popper (1996). Não se pode rejeitar uma teoria sem outra para pôr em seu lugar. Fica aqui a observação, cujo desenvolvimento fugiria ao escopo deste trabalho.

De qualquer modo, os livros de Walzer, incluindo este sobre a tolerância, que estamos examinando, procuram redescrever o mundo e, com isso, apontar para uma nova visão de mundo, alcançando o objetivo que, segundo Santo Tomás, não poderia ser alcançado diretamente pela via argumentativa.

Para terminar esta introdução, gostaria de discutir algumas ideias contidas no livro de David Held *Democracy and the global order* ["Democracia e a ordem global"] (HELD, 1995).

3. O cosmopolitismo de David Held

O livro de David Held fornece um excelente panorama do desenvolvimento dos Estados-nação e da noção de democracia, e faz uma defesa, por fim, de uma ordem global. Considera que o conceito de Estados-nação tende a desaparecer, pois cada vez menos os Estados podem se desenvolver de maneira isolada, aplicar políticas unicamente locais e tratar seus povos como se fossem sua propriedade. A própria ordem econômica mundial não permite que se adotem medidas isoladas, como se não dependessem do fluxo econômico mundial. As seguintes citações apoiam essa avaliação:

> A fuga do capital para o exterior, por exemplo, é uma ameaça constante a governos eleitos com fortes programas de reformas sociais (HELD, 1995, 13).
> A globalização pode ser concebida como "ação à distância" (GIDDENS, 1990). A forma particular de ação à distância que está em questão aqui é engendrada pela acentuação e aprofundamento das relações interfronteiriças entre os Estados-nação e numa intensidade cada vez maior (HELD, 1995, 20-21).

A tese geral de Held é de que cada vez mais os Estados se encontram em situação de interdependência. Evidentemente, alguns mais do que outros, como se tem visto nas crises das bolsas, que se iniciaram na Ásia e chegaram finalmente ao Brasil. Held critica também a noção de "autonomia". O ideal da autonomia deve ser deixado de lado, a seu ver, por constituir um ideal inalcançável, uma utopia, em favor da diminuição da "não autonomia" ("Nautonomy"), que consiste nas condições que entravam o desenvolvimento ou a conquista da igualdade por parte de povos e Estados (HELD, 1995, 167ss; para o princípio de autonomia, ver 145ss). "Não autonomia", segundo Held, "refere-se à *assimétrica produção e distribuição de chances-de-vida (life-chances) que limitam e corroem as possibilidades de participação política*" (p. 171, grifos do autor). Para enfrentar tal situação, Held propõe focalizar nos "*sites of power*", que são os seguintes: o corpo, o bem-estar (*welfare*), a cultura, as associações cívicas, a economia, as relações coercivas e a violência organizada e as instituições legais e regulatórias (p. 192-194). Trata-se de defender os direitos humanos nessas áreas específicas de direitos. Amplia-se sobremaneira, dessa forma, o domínio do político, entendido não mais como o campo da política partidária e ideológica, mas como dizendo respeito às comunidades humanas como um todo. Outro ponto a destacar é a defesa, mais enfática do que a dos outros autores citados, da noção de democracia como a melhor forma de governo. Tal consequência pode ser extraída da obra dos demais autores, incluindo Walzer, para quem, como vimos, a democracia é intrinsecamente tolerante (WALZER, 1997, 9), com a importante ressalva de que a falta de democracia não pode servir de pretexto para o desrespeito em relação a outros países. Held faz, portanto, uma defesa ativa da democracia, debatendo, entre outros autores, com Robert Dahl (ver, por exemplo, HELD, 1995, 169, n. 6; DAHL, 1989). Não podemos entrar nessa discussão aqui.

4. Conclusão

O que se pode extrair desse panorama, não exaustivo por definição, é que se caminha para uma nova visão de mundo a partir de uma efetiva reorganização do mundo. Parecem ser pontos comuns aos autores estudados a defesa da tolerância, do pluralismo e do multiculturalismo (resguardadas as diferenças de ênfase), a ampliação da noção de político, se não sua superação, em favor de um conhecimento mais abrangente, envolvendo aspectos religiosos, culturais, corporais e outros, e a necessidade da complementação das grandes sínteses teóricas mediante o estudo de casos presentes e passados. Trata-se ainda de utilizar as diversas disciplinas (Antropologia, Economia, Filosofia, Sociologia, Psicologia etc.) de forma integrada, a fim de obter uma visão mais aproximada do homem (e da mulher) tal como ele vive em suas condições reais de existência. Não que acreditemos ser possível obter *a* visão "verdadeira" do ser humano, o que seria expressão de um empirismo e um positivismo extremados, cada vez mais desmentidos pelos fatos (tomados em sentido amplo). Na verdade, a crença de que é possível alcançar uma compreensão verdadeira e plena do homem contribuiu para muitos dos mal-entendidos e tragédias do século XX, na tentativa de organizar uma sociedade com molde nessa compreensão. Por isso, a sociedade justa, ou mais justa, só pode ser uma meta, ou ainda, para falar como Held, só podemos almejar a uma *diminuição* das injustiças nas diversas esferas, mas não sua efetiva eliminação, mesmo porque, como mostrava Freud, em *O mal-estar na cultura*, o homem é composto de *Tânatos* e *Eros*, a morte e a vida, a destruição e o amor, e seria ingênuo pensar que possa haver uma sociedade composta somente de *Eros*, embora a experiência nazista tenha mostrado que possa haver uma mais próxima de *Tânatos*.

Assim, desde as concepções de Tomás de Aquino e de Locke, passando pelas de Kant (e Hegel, não analisado), aproximamo-nos das concepções de "igualdade complexa" de Walzer e da "teia de significados" de Geertz, e ainda da concepção "ironista" de Rorty e, por extensão, de Berlin, sem excluir a tentativa contratualista atenuada nos últimos escritos de Rawls. A esse respeito, o que alguns, como Pogge, consideram como um maior conservadorismo de Rawls, vemos como uma compreensão, da parte de Rawls, de que a sociedade menos injusta só poderá ser alcançada, ou aproximada, por meio do consenso e, portanto, da tolerância.

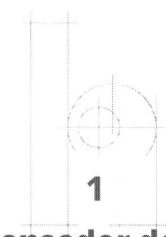

1
O pensador da paz
no século da intolerância

> O Renascimento, que se comprazia com os "emblemas" e os criptogramas, dissimilou a sua profunda originalidade e o seu desejo de novidade por trás de um hieróglifo que ainda causa enganos: a falsa imagem de um regresso ao passado
>
> (DELUMEAU, 1994, v. I, 23).

> Crer no triunfo final da razão ou do bom senso, e na humanidade do homem, não é para ele [Erasmo] um simples ato de fé, a menos que se admita a existência de atos de fé racionais
>
> (MARGOLIN, 1973, 112).

É um desafio escrever sobre Erasmo e sua época, mas um desafio que se impôs pelo curso de nossa pesquisa. Ao pesquisar o tema da paz e da tolerância entre autores do século XX, fomos remetidos ao contexto da tolerância no século das guerras de religião. E, nesse século marcado justamente pela intolerância, de parte a outra, destaca-se Erasmo, pensador da paz. Propusemo-nos, portanto, a estudar o pensamento desse autor no que se refere ao tópico da paz e da tolerância.

O século XVI é o século que viu eclodir a Reforma e, com ela, a reação a esse movimento, que assumiu quer a forma de uma interiorização desse movimento no seio da própria Igreja, quer a forma da mais severa perseguição por parte das autoridades eclesiásticas e seculares. *Grosso modo*, podemos dizer que a primeira metade do século assistiu a uma tentativa de conciliação, apesar das atitudes radicais de parte a parte. Não por acaso, é o período em que o pensamento de Erasmo vai gozar de grande prestígio em toda a Europa, de um lado e de outro do Reno, da Mancha, dos Alpes, dos Apeninos. Em suma, Erasmo é o primeiro pensador moderno – ou último medieval, as opiniões podem variar a respeito – realmente universal. Ele próprio se considera *cidadão do mundo*. No final de sua vida, porém, seu prestígio começa a decair, na exata medida em que fracassam as sucessivas tentativas de pôr fim ao conflito opondo protestantes e católicos, fracasso que vai culminar na abdicação do Imperador Carlos V e sua entrada em um convento (1555) e no célebre Concílio de Trento (1545-1563), que adotará uma posição mais dura em relação aos protestantes, ao mesmo tempo em que implica a reforma da Igreja.

Interessa-nos esse período, portanto, por apresentar todas as formas de lidar com a diferença, que vão desde sua não aceitação total até a tentativa de fusão, malsucedida, como na proposta feita pelo Imperador de que se admitisse o casamento de padres e a comunhão sob duas espécies (cf. LECLER, 1955, 237).

Nesse século, em que eclodiram as grandes dissidências religiosas em relação ao anterior primado da Igreja Católica de Roma, surge um autor, ordenado padre contra sua vontade, e que, no entanto, mesmo após ter abandonado o modo de vida religioso, jamais se insurgirá contra o papado. Esse autor é Erasmo.

Erasmo foi o grande pensador da tolerância e da paz em um século que se caracterizou pela intolerância e pelas guerras. É nosso propósito nesta parte entender essa aparente contradição. Tratou-se de uma incompreensão do século ou de uma inadequação do pensador? Vamos procurar aqui examinar algumas obras de Erasmo relacionadas ao tema de maneira mais direta. Antes, uma apresentação do autor.

1. O homem Erasmo

Antes de tudo, vamos situar o homem Erasmo. Nascido em 1466, talvez em Gouda, talvez em Roterdã[1], foi educado em uma escola dirigida pelos Irmãos da Vida Comum. Vai tirar daí, em parte, sua aversão pelo modo de vida monástica (*Monachatus non est pietas*) e pela vida comunitária, na qual as individualidades são desprezadas. Tal educação, que se efetuava contra sua vontade, a crer em suas palavras posteriores, foi completada em um mosteiro agostiniano, onde se formou padre, após resistência ao estágio final de ordenação. Depois disso, começa sua "peregrinação" pela Europa, viajando sem autorização formal de seu mosteiro[2]. No período de 1495 a 1496 assiste a cursos na Sorbonne, em Paris, e escreve suas primeiras obras: um manual de correspondência e os primeiros *Colóquios*.

Daí por diante, suas viagens e suas obras são inumeráveis. Destacam-se suas viagens à Inglaterra, onde virá a travar amizade com outro grande espírito da época, Thomas More, a quem dedicará o *Elogio da loucura*. Esta obra, indubitavelmente sua mais conhecida, se não a única, teria sido concebida como passatempo em seu deslocamento da Itália à Inglaterra, e na qual brinca com o nome do amigo, aproximando *moría*, "loucura" em grego, de More. Conhece também John Colet, a quem vai simultaneamente influenciar e ser por ele influenciado.

É de destacar ainda a estada de Erasmo na Itália, de 1506 a 1508, onde cursa um doutorado em Teologia, em Turim. Lá toma contato com a obra dos escritores renascentistas, como Lorenzo Valla, Guicciardini, entre outros. Após ter atingido grande sucesso em vida, morre em Basel em 11 de junho de 1536. Foi editor, tradutor, autor de escritos diversos, entre comentários às Escrituras, colóquios, sátiras e discursos, colecionador de adágios, que comentava e que atingiram cerca de cinco mil em suas últimas edições, e foi autor, por fim, de uma vastíssima corres-

---

1. Seguimos aqui a cronologia fornecida por Robert Adams, em sua antologia das obras de ERASMO, 1989, 339-340.
2. Mais precisamente, viaja inicialmente, um ano após sua ordenação, para servir como secretário a um bispo e a partir daí não retorna mais ao mosteiro, dirigindo-se a Paris para estudar.

pondência. Foi "cosmopolita numa época de nascente nacionalismo"[3]. Explorou, melhor do que ninguém, os recursos técnicos que sua época lhe oferecia, na forma da imprensa. Como diz Trevor-Roper, "a época de Erasmo foi essa idade de ouro que se situou entre a descoberta europeia da imprensa e a descoberta de seu antídoto, o *Index Librorum Prohibitorum*" (ERASMUS, 1989, 270). Não há dúvida de que Erasmo contribuiu em enorme medida para a transformação de sua época. As suas traduções do Novo Testamento a partir do grego tornaram a Bíblia mais acessível, o que levou ao rápido abandono dos métodos da Escolástica, cujo ensino baseava-se quase que inteiramente sobre comentadores e traduções de segunda ou terceira mão[4].

Neste trabalho, porém, iremos nos limitar ao tema da paz e da tolerância, buscando nas obras de Erasmo subsídios para pensar a questão. Consideramos três textos como fundamentais: o adágio *Dulce bellum inexpertis* ["A guerra é doce para os que não a experimentaram"], a *Querela pacis* ["Lamento da paz"] e a *Consultatio de bello Turcico* ["Consulta sobre a conveniência de guerrear com os turcos"]. O tema é recorrente na obra de Erasmo, e muitos outros textos podem e serão citados ao longo do trabalho, mas estes são os principais. Jean-Claude Margolin reuniu, comentou e traduziu os textos mais importantes de Erasmo relativos à guerra, e de modo geral utilizaremos suas traduções (cf. MARGOLIN, 1973).

O primeiro, *Dulce bellum inexpertis*, um adágio, é talvez o texto em que Erasmo é menos político e mais autêntico, expondo sem rodeios suas opiniões radicalmente contrárias à guerra sob todas as suas formas. O segundo, a *Querela pacis*, consiste numa prosopopeia, à semelhança do *Elogio da loucura*; dessa feita, é a paz que discursa, lamentando não encontrar guarida em parte alguma, nem mesmo onde mais seria de esperar. É um texto amargo, uma espécie de apelo sem muita esperança aos príncipes, papas e povo em geral para que desistam de guerrear. Foi escrito, porém, quando Erasmo era conselheiro de Carlos de Borgonha,

---
3. H. R. TREVOR-ROPER, "Desiderius Erasmus", em ERASMUS, 1989, 267.
4. Para um painel mais geral, mas onde se dá o devido destaque à importância de Erasmo, DELUMEAU, 1994, 86 e passim, e DELUMEAU, 1965.

o futuro Imperador Carlos V, e faz por isso algumas concessões diplomáticas, como um elogio à França. O terceiro, *Consultatio de bello Turcico*, é uma resposta a uma consulta sobre se a conveniência de guerrear com os turcos. Como de hábito, Erasmo exorta a que os próprios cristãos se tornem cristãos e deixem de guerrear entre si, antes de se lançarem numa aventura contra os turcos. Diferentemente de Lutero, porém, Erasmo crê que seja legítimo fazer uma guerra defensiva, como *ultima ratio*, se não houver nenhuma outra saída diplomática. Lutero, pelo contrário, via os turcos como o "flagelo de Deus", enviados para castigar os cristãos, motivo pelo qual estes não deveriam resistir-lhes.

Passemos sem demora à análise desses textos. O contexto histórico será esclarecido à medida que se fizer necessário para a elucidação do escrito. Comecemos pelo adágio *Dulce bellum inexpertis* ["A guerra é doce para os que não a experimentaram"].

2. Dulce bellum inexpertis

Preferimos manter o nome em latim, pois a tradução poderia apresentar variações: "A guerra é boa para os que não a fizeram", "A guerra é suave para os que não a fizeram", "A guerra é boa para os que não a experimentaram" e assim por diante. Nossa preferência seria pela última fórmula.

Trata-se de um adágio, recolhido pelo autor e que sofreu pelo menos três modificações, a partir de 1515, data de sua primeira publicação, mas que contém em essência o pensamento antibelicista do autor. Jean-Claude Margolin, que apresentou e traduziu esse texto, assim como os três outros que mencionamos, resume essa posição no seguinte parágrafo:

> Na verdade, o adágio antipolemista que apresento aqui é o desenvolvimento de sua carta a Antoine de Berghes de 14 de março de 1514, cuja ideia central ele retoma: a guerra é uma monstruosidade e uma loucura inominável, cujos motivos são uns mais fúteis do que os outros; ela é mais monstruosa ainda, e verdadeiramente sacrílega, para o cristão, que ela força a trair a cada instante a letra e o espírito do Evangelho (MARGOLIN, 1973, 111).

Não nos parece possível, e mesmo desejável, efetuar uma divisão rígida de partes do texto, pois os argumentos são muitas vezes recorrentes. Nós nos limitaremos, portanto, a destacar aqui os principais trechos, comentando-os, para em seguida resumir suas ideias principais.

O adágio *Dulce bellum inexpertis* é extraído de Vegécio[5], que por sua vez se inspirou em Píndaro. Os dois trechos, citados por Erasmo, são os seguintes:

> Não te fies demais no jovem soldado que deseja lutar, pois o combate é doce para os que não sabem o que ele é (Vegécio).
> A guerra é doce para os que não a fizeram, mas quem a conhece sente, desde que dela se aproxima, um horror extremo (Píndaro)[6].

Assim, diz Erasmo, há coisas que só se compreendem com a experiência, entre as quais poderíamos citar o amor, a amargura de ser traído por um amigo, logros financeiros etc. Erasmo cita Horácio: "Doce é para os ignorantes a frequentação/ De um amigo poderoso, mas quem a experimentou/ Dela desconfia"[7].

Outra explicação para a diferença de comportamento na juventude e na velhice é dada por Aristóteles, na *Retórica*, também citado por Erasmo. A inexperiência, nos jovens, torna-os audaciosos, e a experiência de muitas infelicidades torna os mais velhos hesitantes e temerosos[8]. Mas há uma coisa da qual se deve fugir mais do que das outras, pois praticamente não existe uma faceta sua que seja boa: a guerra. Diz nosso autor:

> Se, nos inumeráveis assuntos humanos, há um que convenha empreender com hesitação ou antes fugir, conjurar por meio de suas preces, rejeitar por todos os meios, é com certeza a guerra: nada é mais ímpio, mas calamitoso, mais amplamente pernicioso, mais obstinadamente tenaz, mais pavoroso, em suma, mais indigno do homem, para não dizer de um cristão (DBI, 113).

---

5. (Flavius Vegetus Renatus), escritor militar latino, que floresceu no século IV d.C. Sua principal obra foi *Epitome rei militaris*.
6. Para as referências completas, ver MARGOLIN, 1973, 113 e 148, notas 1 e 2.
7. HORÁCIO, *Epístola* I, 18, 86-87, em MARGOLIN, 1973, 113.
8. ERASMO, *Dulce bellum inexpertis* (daqui por diante DBI), MARGOLIN, 1973, 113. Para Aristóteles, ver *Retórica*, II, 12, 9 e II, 13, 7.

Será possível demover os espíritos unicamente com os discursos? Não só. Erasmo acredita no poder da educação, e particularmente da educação dos príncipes. De qualquer modo, o seu pensamento influenciará mais de uma geração, mas terá particular influência, como já foi mencionado, na primeira metade do século XVI. Se os conflitos não foram ainda mais duros nesse período, no embate entre protestantes, católicos, isso se deve em boa parte ao pensamento de Erasmo. Mas prossigamos.

Erasmo se espanta ainda da loucura dos homens, retomando o tema do *Elogio da loucura*. Em toda parte, guerreia-se com prazer, jovens e velhos, e à guerra incitam magistrados e príncipes, prelados e jurisconsultos. De tal modo que, "em nossos dias, a guerra é a tal ponto admitida que os homens se espantam de encontrar alguém a quem ela não agrada; a tal ponto aprovada que é ímpio, e diria quase herético, desaprovar esse empreendimento entre todos o mais criminoso, o mais infeliz também" (DBI, 114).

De fato, muitas vezes os irenistas são perseguidos, ou simplesmente tachados de sonhadores, utopistas quando não de qualificativos piores. A postura pacifista de Erasmo é por vezes associada a certo milenarismo[9].

Que o pacifismo era perigoso nessa época de intolerância generalizada – sobretudo para os que o praticavam –, mostra-o Delumeau:

> Como a intolerância religiosa era então a regra, os luteranos e os calvinistas trocaram entre si violentos panfletos sobre a presença real, mas entenderam-se bem para perseguir todos os dissidentes do protestantismo e, em primeiro lugar, os anabatistas (1994, v. I, 132).

As cidades e os cantões da Suíça não foram menos hostis a todos os espíritos independentes que se afastassem da nova ortodoxia reformada. Genebra fez queimar Servet, Melanchton, Théodore de Bèze, e todas as Igrejas helvéticas aplaudiram essa condenação à morte, pedida por Calvino. Erasmo quer compreender, "com o olho do filósofo", o que levou o homem, "o único [ser] que a natureza fez nascer para a salvação de todos",

---

9. Por exemplo, a nota 66 de MARGOLIN, 1973, 152: "Erasmo se inscreve deliberadamente no campo oposto ao realismo político, e essa atitude pacifista se aproxima de certas visões milenaristas". Margolin não explica o motivo dessa aproximação com o milenarismo.

a se jogar sobre os seus semelhantes de maneira tão bestial (DBI, 114). Ele vai examinar primeiramente o homem, e em seguida o quadro da guerra.

O homem parece ter sido criado para a paz, pois não é provido de nenhuma das armas naturais que a natureza, ou Deus (*Deus sive natura!*) concedeu às outras criaturas: garras, dentes afiados, chifres etc. "O homem, unicamente, ela criou nu, fraco, terno, desarmado, com uma carne muito mole e uma pele lisa" (DBI, 114). Erasmo não se esquece de acrescentar que a cria humana demora muito mais tempo para poder se defender sozinha, sem a ajuda dos adultos[10]. E Erasmo conclui que "ele é o único ser vivo nascido unicamente para a amizade, cujos laços se atam e estreitam sobretudo pela ajuda mútua" (DBI, 115). Além disso, a natureza concedeu ao homem a capacidade de rir e de chorar, isto é, de se comover, sentir piedade. Reservou-lhe ainda "o uso da palavra e da razão" (ibid.). É bom lembrar, e Jean-Claude Margolin não se furta a isso, que Erasmo é também autor de uma obra dedicada ao uso da fala: *A língua*. Mas é difícil, em um autor tão prolífico como foi Erasmo, encontrar um tema do qual não tenha tratado. Como diz Lucien Febvre, a amplidão da obra de Erasmo chega a desanimar alguns pesquisadores[11].

E Erasmo prossegue em seu elogio do homem. É bom recordar, nesta altura, que o homem, para nosso autor, é um ser construído: não se nasce homem, torna-se homem por meio da educação, das letras, das artes, da civilidade, enfim. O homem não é capaz, como o animal selvagem, de viver isolado, sem relações. E, a seguir, Erasmo, justificando, para nós, sua denominação de humanista, faz um elogio das letras:

> Ela [a natureza] adicionou o gosto das belas letras e o desejo de saber, que não só garantem perfeitamente o espírito humano contra toda barbárie, como possuem ainda a virtude particular de fazer nascer relações afetuosas.

---

10. Como bem nota Margolin (1973, nn. 7 e 8, 149), o tema é tirado dos clássicos, em especial de Platão (*Protágoras*, 320c-321d), Sêneca e Plínio, o Velho.

11. Lucien FEBVRE, "El Erasmo de Marcel Bataillon", em FEBVRE, 1970, 111: "A obra, totalmente escrita em latim, é tão vasta; os dez volumes da edição de Le Clerc são tão desalentadores por sua extensão; sua influência abarca tantos anos, e tão ricos em acontecimentos e contrastes, que nos resulta inexplicável essa espécie de laxismo com que tantos espíritos ilustres do século XVII, do XVIII e do XIX forjaram para si um Erasmo à sua medida: um Erasmo retirado quase unicamente do *Elogio da loucura* e, no máximo, dos *Colóquios*".

Na verdade, nem o parentesco nem a consanguinidade unem as almas por laços de amizade mais estreitos e mais sólidos do que o faz a comunidade dos estudos humanistas (DBI, 115; grifo nosso).

Vemos ali o espírito cosmopolita, universal, de Erasmo em ação. Assim como na Igreja, na própria injunção de Cristo a que se deixe a família para servir ao Senhor (cf. Mt 10,34-39)[12], ali a comunidade das letras fala mais alto do que mesmo os laços de parentesco. Vemos bem claro, também, o autor que declarava o adágio, e era uma prova viva dele, *ibi bene, ibi patria* ["a pátria é onde se está bem"], e que se declarava ainda um cidadão do mundo. De que há coisas mais importantes do que as relações familiares será lembrado especialmente aos príncipes, que não devem sobrepor os interesses pessoais e familiares aos negócios públicos.

A seguir, como havia anunciado, Erasmo traça um quadro da guerra, com todos os seus horrores. Além da descrição impressionista (*avant la lettre*) das batalhas, dos sons, dos massacres de crianças e mulheres, o autor mostra também que o que a guerra produz é uma degradação moral, na qual a lei é suspensa e na qual os criminosos têm campo livre para ação. Além disso, esse mal moral alastra-se como uma epidemia, contagiando todos os setores da sociedade:

> E – isso é o mais grave – essa pestilência tão funesta não se contém em seus próprios limites, mas, nascida em um canto qualquer, não só invade, como uma epidemia, as regiões vizinhas, como arrasta as mais distantes na desordem e no tumulto geral, por necessidades comerciais ou a favor de uma aliança ou de um tratado. O que é mais, *a guerra é engendrada pela guerra, uma guerra de verdade nasce de uma simulação de guerra* (DBI, 117; grifo nosso).

Destacamos a frase final, pois, para Erasmo, é falso o pretexto de uma guerra visando à paz: "A guerra é engendrada pela guerra". A guerra, portanto, não é pai de todas as coisas, como queria Heráclito, mas somente da guerra e de todos os males a ela associados. Em outro texto, vai refutar o adágio *Si vis pacem, para bellum* ["Se queres a paz, prepara-te para

---

12. A passagem, que se inicia com "Não penseis que vim trazer paz à terra", aliás, é controversa, e vai ser objeto de análise de Erasmo e oferece dificuldades à interpretação irenista.

a guerra"]. Em lugar disso deve-se dizer: *Si vis pacem, para pacem* ["Se queres a paz, prepara-te para a paz"].

Erasmo comenta, antes de Hobbes, a afirmação de que o homem é o lobo do homem. "Para o homem", diz ele, "nenhum animal feroz é mais funesto do que o homem" (DBI, 117-118). E acrescenta, logo abaixo: "Já o homem luta perpetuamente com o homem, sem nenhuma discriminação, e para nenhum dos mortais existe um tratado verdadeiramente sólido" (ibid.). É um lugar comum, que Erasmo retoma quase nos mesmos termos no *Querela pacis* e em outros textos, comparar o homem aos animais, afirmando que o homem consegue ser pior do que os animais mais selvagens. Não se vê, entre eles, comportamento que se assemelhe ao do homem em relação a seus semelhantes. Além disso, recorre a armas artificiais, isto é, não naturais, e demoníacas, como é o canhão, para Erasmo. Aqui fica bem claro o elemento medieval de seu pensamento[13]. Voltaremos a tratar dos canhões à frente, ao analisarmos a *Querela pacis*.

Mais uma vez, como fizera no *Elogio da loucura* e como fará no *Querela pacis*, Erasmo recorre à figura da prosopopeia. Em um só parágrafo no texto que ora examinamos, a natureza assume a narrativa:

> Um só ser existe que criei inteiramente para a boa vontade, doce, amigável, prestativo. O que ocorreu para que ele tenha degenerado em um animal de tal ferocidade? Não encontro nele nenhum traço do homem que moldei. Que gênio maligno corrompeu minha obra? Que feiticeira, por meio de seus encantos, retirou dele sua alma humana e nele introduziu essa alma ferina? Que Circe o metamorfoseou? *Eu ordenaria de bom grado que o desgraçado se olhasse num espelho, mas o que podem ver os olhos quando a alma está ausente?* (DBI, 119; grifo nosso).

Aqui aparece o tema do espelho, que tanto fascinou os escritores dessa época. São abundantes os espelhos do príncipe. O livro, porém,

---

13. JORDAN, 1965, 28: "Humanism was to serve as an intermediate stage between scholasticism and rationalism. The Renaissance, in general, may be regarded as the Middle Ages in dissolution" [O humanismo serviu como um estágio intermediário entre a escolástica e o racionalismo. A Renascença, em geral, pode ser considerada como uma Idade Média em dissolução]. É necessário apontar os limites dessa análise – a primeira edição é de 1932 –, na qual transparece certa visão evolutiva da história. De qualquer modo, é inegável a presença de fortes aspectos medievais no pensamento de Erasmo.

não é como o espelho, surge antes como enigma. Pelo menos é assim que o vê Michel Foucault:

> No século XVI, a linguagem real não é um conjunto de signos independentes, uniforme e lisa, onde as coisas viriam refletir-se como num espelho, para então anunciar, uma a uma, sua verdade singular. É antes coisa opaca, misteriosa, cerrada sobre si mesma, massa fragmentada e ponto por ponto enigmática, que se mistura aqui e ali com as figuras do mundo e se imbrica com elas: tanto e tão bem que, todas juntas, elas formam uma rede de marcas, onde cada uma pode desempenhar, e desempenha de fato, em relação a todas as outras, o papel de conteúdo ou de signo, de segredo ou de indicação. No seu ser bruto e histórico do século XVI, a linguagem não é um sistema arbitrário; está depositada no mundo e dele faz parte porque, ao mesmo tempo, as próprias coisas escondem e manifestam seu enigma como uma linguagem e porque as palavras se propõem aos homens como coisas a decifrar. *A grande metáfora do livro que se abre, que se soletra e que se lê para conhecer a natureza não é mais que o reverso visível de outra transferência muito mais profunda, que constrange a linguagem a residir do lado do mundo, em meio às plantas, às ervas, às pedras e aos animais* (FOUCAULT, 1995, 50-51, grifo nosso).

Mas deixemos por ora Foucault. No trecho de Erasmo, o espelho tem outra função: a de revelar a alma; quando esta está ausente, nada se pode ver. Para Erasmo, pensador cristão, é da morte da alma que se tem de cuidar, mais do que da morte da carne: "À visão de teu irmão tratado de forma indigna, tu não te perturbas em nada, contanto que aquilo que te diz respeito esteja salvo: por que tua alma não reage? Porque ela está morta" (ERASMO, 1971, 93 [25] e passim).

Erasmo se pergunta como o homem chegou a esse estágio de selvageria, pois não acredita que o homem tenha nascido assim (DBI, 119). Então, não é só a humanidade que se constrói, mas também a selvageria, a maldade, a violência. Erasmo não chega a idealizar o estado de natureza, como, de certa forma, fará mais tarde Rousseau. Antes, para ele, tratar-se-ia de um estado de ausência de juízo, em que não caberia ainda falar em bem e mal, posição que, mais tarde, também, seria a de Hobbes. Da mera necessidade de se defender, se proteger e se alimentar, passou-se a matar por diversão, pelo hábito, por emulação etc. Erasmo aproveita a ocasião para mostrar como se passou a fazer desse costume um hábito cada vez mais refinado, como o de conservar as carnes dos animais mortos por meio de ervas e empacotamentos, pondo, à guisa de indicação, "epitáfios", que dizem em essência: "Aqui jaz um javali, aqui foi enterrado um urso" (DBI, 120). Mais uma vez, resquícios de Platão, que considerava a culinária como uma arte não essencial, ao lado da retórica e da perfumaria[14]. O que não significa que Erasmo seja um asceta. Pelo contrário, tem horror ao ascetismo, incluindo a abstenção completa de carne, como era o costume no Colégio de Montaigu, quando lá esteve Erasmo. João Standonck de Malines, então provisor do Colégio, "renunciara inteiramente a comer carne" e introduziu no Colégio "a regra mais estrita, firmemente mantida por meio de mortificações para as faltas mais insignificantes". Segundo Huizinga,

> foi a este homem que o bispo de Cambraia recomendou Erasmo. Este, embora não entrasse na comunidade dos estudantes pobres (rondava então pelos trinta anos), teve todavia de suportar todas as privações da regra. Elas estragaram-lhe o início de sua estada em Paris e deixaram-lhe na alma uma aversão profunda e definitiva pelas abstinências e pelo rigorismo (HUIZINGA, 1970, 37).

Segundo relatos, também, Erasmo não era avesso à boa comida e à boa bebida, tendo inclusive dedicado um opúsculo ao vinho da Borgonha. Na juventude, é verdade, teria sido um pouco mais hedonista, o que naturalmente se modificou após ter travado contato mais profundo com a obra de São Paulo e de ter se aproximado de John Colet. De qualquer modo, resquícios dessa atitude podem ser encontrados em toda parte nos *Colóquios*. Tratar-se-ia, antes, portanto, de um epicurismo bem compreendido, que visa acima de tudo à moderação. Assim, não se deve ver no trecho acima do *Dulce bellum inexpertis* uma condenação absoluta dos prazeres da carne, mas uma crítica aos seus excessos, que acabam deixando o homem à mercê de suas paixões. De fato, "a gula se tornou a tal ponto tirânica que animal algum se viu mais em parte alguma a salvo da crueldade humana" (DBI, 121). E,

---

14. Ver PLATÃO, *Górgias*, 465 c: "O que a perfumaria é para a ginástica, a culinária é para a medicina, ou antes o que a perfumaria é para a ginástica, a sofística é para a legislação, e o que a culinária é para a medicina, a retórica o é para a justiça".

como diz o autor, o vício, uma vez introduzido, é muito mais difícil de extirpar: "Ocorre com o vício o mesmo que com o mar: está em nosso poder recusar-lhes todo acesso, mas impor-lhes um limite desde que lhe deixamos correr à solta não está ao alcance de qualquer um" (ibid.). Recorde-se, aqui, o país natal de Erasmo, que tem como necessidade vital opor barreiras ao mar.

Dos animais passou-se a matar homens, prossegue Erasmo em sua reconstituição hipotética da história da humanidade. Dos combates singulares passou-se às batalhas grupais (ibid.):

> Em breve os homens começaram a se atacar em quase todo lugar, em tropas mais numerosas e armadas. Essa evidente loucura não carece de honrarias. Chamou-se "guerra" e pretendeu-se que a coragem residia no fato de proteger, ao risco de sua vida, seus filhos, sua mulher, seu rebanho, sua morada contra as violências dos inimigos. E assim, pouco a pouco, a arte de combater desenvolvendo-se com a civilização, passou-se a se declarar a guerra de cidade a cidade, de região a região, de reino a reino (ibid.).

Mas esse pretexto inicial de defesa ("defesa da honra"...) não ilude o autor. Em pouco tempo o combate cai nas mãos das pessoas mais sórdidas, animadas pelos piores interesses. Desses combates nasceram os "impérios: nenhum deles foi jamais criado em nação alguma sem o preço de muito sangue humano" (DBI, 122). E conclui: "O que é a guerra, senão um assassinato multiplicado e recíproco, um banditismo tanto mais celerado quanto maior a escala em que se produz?" (ibid.).

Dessa motivação ocasional passou-se a praticar a guerra de maneira contínua, a vida inteira, e muitos de maneira profissional:

> Estamos constantemente em guerra, nação contra nação, reino contra reino, cidade contra cidade, príncipe contra príncipe, povo contra povo e – coisa que mesmo os pagãos consideram ímpio – aliado contra aliado, parente contra parente, irmão contra irmão, filho contra pai, enfim – o que julgo mais atroz do que tudo isso –, cristãos lutam contra homens, e acrescentaria, à minha revelia, pois é o fato mais atroz, cristãos guerreiam com cristãos (ibid.).

Essas guerras fratricidas eram criticadas por outros escritores da época, incluindo Maquiavel, que, como se sabe, era contrário às tropas

41

mercenárias, nas quais, muitas vezes, irmãos combatiam contra irmãos[15]. Erasmo, de fato, choca-se com a contradição, real e não aparente, entre os ensinamentos cristãos e as práticas daqueles que se dizem cristãos. Devemos, todavia, precaver-nos contra anacronismos. Contra esse risco, adverte-nos o professor Hilário Franco Junior:

Realmente, se Cristo pregara o pacifismo e a não violência, estes apenas poderiam se tornar vitoriosos – segundo a interpretação medieval – com a implantação da unidade cristã. Logo, se alguém está contra ela (hereges, infiéis, cismáticos, pagãos), está também contra a harmonia universal, justificando assim o emprego da força para sua eliminação. *A guerra é precondição para a paz* (FRANCO JUNIOR, 1986, 160-161, grifo nosso).

Mas Erasmo não pensa assim. Mesmo que assim fosse, era possível lutar pela mudança de mentalidade. Seria equivocado, de nossa parte, hoje, cobrar dos medievais uma postura diferente, mas Erasmo tem toda a razão de cobrar dos homens de sua época uma mudança de espírito, tendo como base a volta às origens do cristianismo. Trata-se de uma atitude prática, que não é somente utópica, aproximando-se assim do "realismo utópico" evocado por John Rawls.

Para Erasmo, portanto, assim como para muitos de seus contemporâneos, é um crime inimaginável que tais guerras se façam entre cristãos. É esse um dos limites do pacifismo de Erasmo, que não é incondicional. Voltaremos a ver restrições desse tipo no *Querela pacis*, que analisaremos adiante[16].

Essas guerras, além de serem feitas por cristãos, e contra cristãos, ainda são incitadas e praticadas por membros da Igreja, incluindo o próprio Papa. Aqui Erasmo se refere ao Papa Júlio II (1442-1513), que governou a Igreja de 1503 até sua morte. Erasmo não se cansou de criticá-lo. É-lhe atribuída uma deliciosa sátira, *Júlio excluído do céu*, cuja autoria

---

15. Ver MACHIAVELLI, 1928, "Il principe", cap. XII, 25 e passim. Sobre a relação entre Erasmo e Maquiavel, ver Lucien FEBVRE, "Erasmo y Maquiavelo", em FEBVRE, 1970, 131-142.

16. Ver, por exemplo, QP, 231, e *Instituto principe christiano*, 195: "Comecemos por agir de tal modo que sejamos nós próprios verdadeiros cristãos; depois, se assim julgarmos ser o caso, ataquemos os turcos!".

jamais assumiu. Ali, o Papa encontra as portas do céu fechadas e exige de Pedro que o deixe entrar. Inicia-se um diálogo entre Pedro, Júlio e o "espírito" deste. Júlio II é descrito com os piores vícios: vaidade, prepotência, belicosidade e assim por diante[17]. É nítida a mão de Erasmo no texto, na contraposição entre os costumes da Igreja original e os de seu sucessor. Erasmo pede a responsabilização pela guerra: "É preciso responsabilizar essas pessoas que encontraram razões para a guerra" (DBI, 124). A guerra, comparada à paz – "o que é a paz senão uma amizade entre muitos homens?" –, causa apenas males, sofrimentos, pobreza, doenças. "A guerra demole, extingue, erradica repentinamente e de uma vez só tudo o que é rico e belo, e difunde na vida dos homens como que uma cloaca de males" (ibid.). A guerra traz consigo, ainda, a degradação moral: tudo se vê permitido, a lei não tem mais vigência, os piores instintos são desencadeados. Em suma,

> já que a paz é de todas as coisas a melhor, a mais agradável, e que a guerra, em contrapartida, é a mais lamentável e a mais celerada, julgaríamos sãos de espírito aqueles que poderiam, sem grande esforço, assegurar-se daquela, e preferem buscar a esta, mesmo ao preço das maiores dificuldades? (ibid.).

Outra tentativa de demover os espíritos de sua época da guerra é raciocinar em termos financeiros, de custos da guerra. Esta, aliás, parece ter sido efetivamente uma preocupação de Erasmo, que, principalmente no início de sua carreira, teve de recorrer ao seu engenho para sobreviver, tendo reunido os adágios e escrito os *Colóquios* justamente devido a essa preocupação. Com a palavra Huizinga: "Foram anos difíceis aqueles que se seguiram ao seu regresso à França. Debatia-se com lancinantes problemas de dinheiro e via-se obrigado a explorar melhor os seus talentos e o seu saber de homem de letras" (HUIZINGA, 1970, 57).

É assim que o filósofo apela ao espírito comercial de sua época:

> Se quiséssemos fazer a conta e calcular, com a maior justeza, quanto custa a guerra, quanto custa a paz, encontraríamos com certeza que esta pode ser assegurada com dez vezes menos preocupações, dificuldades, aborrecimentos, perigos e despesas, e enfim sangue, do que exige a guerra. Põe-se uma

---

17. ERASMO, "Jules chassé du ciel", em MARGOLIN, 1973, 48-103, incluindo introdução e notas de Margolin; ver também "Julius excluded from heaven", em ERASMO, 1992, 142-173.

enorme massa de homens em perigo para tomar uma fortaleza, ao passo que com o preço desse trabalho, e sem correr riscos, poder-se-ia construir outra bem mais bela (DBI, 127).

Como exemplo desse espírito comercial da época, veja-se o diário de Albrecht Dürer, em sua viagem aos Países Baixos (cf. DÜRER, 1971). O pintor manifesta ali, a cada passo, a preocupação de dizer o quanto despendeu, até em gorjetas, incluindo os gastos de sua mulher, e onde avalia quase tudo em termos do que vale ou custa financeiramente, incluindo uma coleção de objetos trazidos do México, que avalia em cerca de 100 mil florins! Max Weber não se equivocava tanto ao associar a acumulação primitiva do capital ao espírito protestante (cf. WEBER, 1992). Não vamos entrar aqui nessa discussão, que nos afastaria demais de nosso tema. Basta lembrar, para nossos fins, que tal espírito capitalista estaria mais presente, na interpretação de Weber, entre os protestantes, entre os quais se incluía Dürer, do que entre os católicos, dos quais fazia parte Erasmo. De fato, mesmo que introduza, em seus textos, essa preocupação, tratar-se-ia antes, a nosso ver, de uma maneira de se fazer compreensível a seus contemporâneos. Ao quantificar a guerra, esperava "sensibilizá-los" para o absurdo que ela constituía, não tendo conseguido demovê-los com todos os demais argumentos, baseados no coração, na religião, na humanidade. Tratar-se-ia, enfim, de uma concessão "realista" de Erasmo. Na verdade, nosso autor não mede esforços e lança mão de todos os argumentos de que dispõe para combater a guerra.

Um dos argumentos de que se utiliza com maior frequência é o do exemplo de Cristo e da Igreja primitiva. É-lhe particularmente cara, assim como a São Paulo, a noção de caridade: "Cristo fez seu um só preceito: o da caridade" (DBI, 128):

> Vasculhai todo o seu ensinamento: só conseguireis extrair o que tenha o sabor da paz, que soe à amizade, que tenha o gosto da caridade. E, porque ele se dava conta de que a paz não podia subsistir se não se afastasse esses bens desprezíveis pelos quais o mundo desembainha a espada, ordenou-nos que aprendêssemos a ser suaves (ibid.)[18].

---

18. "Vinde a mim todos os que estais cansados sob o peso do vosso fardo, e eu vos darei descanso. Tomai sobre vós o meu jugo e aprendei de mim, porque sou manso e hu-

Prosseguindo, Erasmo lembra que Cristo "proibiu de resistir aos maus" (ibid.; cf. Mt 5,39). Como fica, porém, a questão de se defender contra os turcos?[19] É possível que o pensamento de Erasmo tenha mudado a esse respeito, pois, numa interpretação estrita, não se deveriam levantar as armas para se defender dos inimigos. No *Lamento da paz*, Erasmo afirma que, se não for possível erradicar do coração do homem o desejo de fazer a guerra (como diria Freud, mais tarde, se a pulsão de morte faz parte da psique humana), que esta seja feita contra os turcos (cf. QP, 231). E, na *Consultatio*, afirma que, após estarem certos de que agem como cristãos, e cessarem as guerras fratricidas, os europeus podem decidir se fazem ou não a guerra aos turcos. Ou seja, ele não se opõe de maneira absoluta a que se levantem as armas contra os turcos, mas desde que isso seja feito por defesa e esgotados todos os recursos das negociações diplomáticas. Como já dissemos, Lutero, seu contemporâneo, terá uma posição contrária: para ele, os turcos são "o flagelo de Deus", e contra eles os cristãos não devem erguer as armas.

Prosseguindo na análise do texto, Erasmo utiliza um recurso que mais tarde ficará famoso por intermédio de Voltaire: utiliza-se de uma ficção, na qual um visitante de outro planeta vem à Terra e, tendo sido informado da definição de homem, custa a crer que aquele ser que tem sob os olhos corresponda a tal definição:

> Imaginai, portanto, que um visitante inesperado, vindo dessas cidades lunares que preocupam Empédocles, ou de um desses mundos inumeráveis cuja existência Demócrito imaginou, chegue a este mundo, o nosso, desejoso de conhecer o que aqui se passa. Suponhamos que ele tenha feito uma pesquisa e que tenha sabido da existência de determinado animal, espantosamente composto de um corpo, que ele possui em comum com os animais selvagens, e de uma alma, na qual se reflete o espírito divino (DBI, 128).

O que desejaríamos destacar aqui é a necessidade que tem o filósofo, e todo aquele que quer julgar, de tomar distância em relação ao objeto analisado. Assim, o recurso à figura de um extraterreno ou à prosopo-

---

milde de coração, *e encontrareis descanso para vossas almas*, pois o meu jugo é suave, e o meu fardo é leve" (Mt 11,28-30).

19. Por "turcos", entenda-se, na pluma de Erasmo, o mundo muçulmano em geral.

peia, onde quer a paz, quer a loucura, quer ainda a natureza sobrevoam o mundo dos homens, constituem recursos que visam conferir ao filósofo essa capacidade de julgamento. É esse distanciamento que permite a Erasmo julgar, de fora, ou de cima, católicos e protestantes, membros da Igreja secular e frades pertencentes às diversas ordens. Não que esteja completamente isento dos preconceitos de seu tempo. Acredita numa noção de verdade única, na unidade em torno da "verdadeira" religião, a de Cristo, fala em costumes bárbaros e não civilizados ao comentar os costumes de outros povos.

Em última instância, Erasmo considera "indigno do cristão combater, se não for nesse admirável combate travado contra os mais pavorosos inimigos da Igreja: contra a cobiça, contra a cólera, contra a ambição, contra o temor da morte" (DBI, 134). E acrescenta: "Somente essa guerra engendra a verdadeira paz" (DBI, 135).

Aborda em seguida o tema da "guerra justa". E diz: "Qual o homem a quem sua causa não parece justa?" (ibid.). É difícil alcançar isenção quando se julga em causa própria. Mais uma vez, é preciso distância, que não possuímos quando somos os próprios interessados. É por esse motivo que Erasmo apela à arbitragem, no caso dos conflitos que envolvem dois ou mais países. Papas, bispos, juristas poderiam servir de moderadores, não estivessem eles próprios envolvidos direta ou indiretamente, por interesse próprio ou alheio, nessas querelas[20]. Nesse sentido, mostra que sempre se podem encontrar no Direito razões *ad hoc* para justificar tal ou qual pretensão: "Se um direito, qualquer que seja, parece causa suficiente para empreender uma guerra, é impossível, em meio a tão grandes vicissitudes, tão grandes transformações sofridas pelos assuntos humanos, que alguém não encontre um direito para sustentá-lo" (DBI, 138). Trata-se, ao que tudo indica, de uma dúvida cética em relação à própria validade do direito. Como veremos, Erasmo não tem os advogados em alta conta (cf. QP, 209). Aqui se trata de uma concepção platônica, que considera os oradores como não essenciais, contrapostos aos legisladores (cf. *Górgias*, loc. cit.). Erasmo situa-se num momento,

---

20. Na *Querela pacis*, dirá: "A paz mais injusta é preferível à guerra mais justa". Voltaremos a tratar disso.

posterior à retomada platônica, que já é capaz de aproveitar tanto Aristóteles quanto Platão, e ele o faz o tempo todo.

Em outra passagem do texto, afirma que a legitimidade ou o "consentimento" para governar provém do povo: em outros termos, que a base do governo reside no povo. O povo não é propriedade: "Chamamos de direito de propriedade o que é gestão. Não se possui o mesmo direito sobre homens, livres por natureza, que sobre o gado. Além disso, esse direito do qual usufruís, o consentimento do povo vos deu. Cabe àquele que o conferiu, se não me engano, suspendê-lo" (DBI, 138).

A passagem é admirável, pois assinala a independência de julgamento de Erasmo, seja em relação à sua época, seja em relação aos autores. Em relação à primeira, pode-se pensar na escravatura e no fato de os príncipes considerarem as terras, e os povos que nelas habitavam, como propriedades particulares de suas famílias, concepção contra a qual se insurge nosso autor. Em relação aos segundos, mais uma vez evidencia-se o espírito crítico de Erasmo, aqui voltado contra Aristóteles. Este, como se sabe, em passagem polêmica da *Política* (Livro I, cap. 5), defendeu a escravidão. Por último, vale comentar que Erasmo faz depender a legitimidade do governo do consentimento do povo.

Inicia-se, estendendo-se pelas páginas seguintes, um longo arrazoado sobre a inconveniência de guerrear com os turcos. As divisões do texto não são muito claras, e o texto é, às vezes, repetitivo; imperfeições atribuídas, por Huizinga, ao método de composição da obra, pois estas obras eram feitas muitas vezes às pressas, sendo reelaboradas ao longo dos anos, e para atender às necessidades financeiras de Erasmo.

O lado perigoso dessa circunstância material residia no fato de que a imprensa permitia a Erasmo, tornado agora [cerca de 1508] um centro e uma autoridade, comunicar imediatamente ao universo inteiro o que lhe passava pelo espírito. Uma grande parte do seu labor intelectual ulterior não é, em resumo, mais do que repetição, repetição enfadonha, desenvolvimento, defesa ociosa contra-ataques que ele poderia muito bem deixar resvalar sobre a sua grandeza, a propósito de pormenores que poderia negligenciar. Numerosos desses escritos, redigidos diretamente com vista à impressão, apontam, em suma, para o jornalismo, e prejudicaríamos Erasmo aplicando-lhes o critério reservado às obras de valor duradouro.

A faculdade de poder atingir imediatamente através da própria palavra o mundo inteiro é um estimulante que influi inconscientemente sobre a forma de expressão, e isso é um luxo a que só os espíritos mais eminentes se acomodam impunemente (DBI, 100). Feita essa ressalva, destacamos este trecho porque ele vai servir muito bem para nossos propósitos comparativos. Partamos do trecho inicial:

Parece-me que não se deve aprovar nem sequer a guerra que tramamos contra os turcos. A religião cristã está bem mal das pernas se sua salvação depende de semelhantes defesas. E não é lógico criar bons cristãos sob tais auspícios. O que foi ganho pelo ferro é perdido, por sua vez, pelo ferro. Quereis trazer os turcos para Cristo? Não façamos ostentação de riquezas, de tropas, de forças. Que eles vejam em nós não apenas o nome, mas também essas marcas certeiras do cristão: uma vida pura, o desejo de fazer o bem mesmo a inimigos, a paciência inalterável diante de todas as ofensas, o desprezo pelo dinheiro, o esquecimento da glória, o pouco preço conferido à vida; que eles aprendam a admirável doutrina que concorda com uma existência desse gênero (DBI, 140-141).

Nem mesmo a guerra que se faz contra os turcos, pretensamente defensiva, é aprovada por Erasmo. Se fosse efetivamente de defesa, uma vez esgotados todos os argumentos e recursos para obter a paz (até mesmo comprar a paz é lícito com esse propósito, afirmará Erasmo), a contragosto, Erasmo admitiria a guerra. Não parecia ainda ser o caso, nessa altura. As verdadeiras motivações seriam outras: cobiça, poder, dinheiro, glória etc. O cristianismo não deve ser defendido pela espada. Prova disso o célebre exemplo, citado por Erasmo, e presente em *Júlio excluído do céu,* cuja autoria não se põe mais em dúvida como sendo de Erasmo, de Pedro cortando a orelha de um dos guardas que vieram prender Jesus, o que lhe valeu uma repreensão por parte do mestre e a ordem de guardar novamente a espada (Mt 26,47-53; Mc 14,43-47; Lc 22,47-51; Jo 18,10-11). As armas de Cristo são outras, suas legiões são as dos anjos. O que Erasmo pede, acima de tudo, é coerência. Que não se mascarem os verdadeiros interesses por trás da guerra com motivos nobres. Que não se demonize o inimigo antes de saber se se é verdadeiramente cristão, se se é mais puro, mais civilizado, mais digno do que os inimigos que se quer combater pretextando esses valores. "Se nos empenhamos em estender nosso império, se cobiçamos suas riquezas, por que dissimular sob o nome de Cristo um empreendimento de tal modo profano?" (DBI, 143). E afirma: "É um mal menor ser um turco ou um judeu declarado do que um cristão hipócrita" (ibid.), e: "Prefiro um verdadeiro turco a um falso cristão".

Após uma intercalação em que aproveita para falar dos monges, sua "besta negra", prossegue Erasmo: "Aqueles a quem chamamos de turcos são, em grande parte, metade cristãos e provavelmente mais próximos do verdadeiro cristianismo do que a maioria de nós" (DBI, 142). Metade cristãos, pois Maomé, como é sabido, inspirou-se em boa parte nos ensinamentos de Cristo e dos evangelhos, expurgando as passagens que não lhe interessavam.

O autor revela, por fim, os verdadeiros motivos por trás das cruzadas: "Tira-se pretexto de um rumor de guerra contra os turcos para despojar o povo cristão e levá-lo, uma vez forçado e quebrado de todas as maneiras, a suportar mais servilmente a tirania dos príncipes e dos religiosos" (DBI, 143-144).

Erasmo não se opõe totalmente, como já foi dito, a uma expedição contra os turcos, mas que isso se faça por motivos justificáveis, "e com espírito e meios cristãos. Que eles sintam que os convidamos a alcançar a salvação e não a pilhá-los".

Em seguida, Erasmo discorre sobre a elaboração de acordos: "O acordo se fará bastante facilmente sobre um pequeno número de pontos, e a concórdia se manterá bastante facilmente se, sobre a maioria dos tópicos, cada um permanecer livre de conservar sua maneira de ver, contanto que não seja obstinado" (DBI, 144).

Um pequeno número de pontos e a disposição a ceder. É isso o fundamental para qualquer negociação que vise de fato à paz, uma paz real, e não a paz dos tratados, que acabam sendo sempre pretexto para guerras futuras, como assinala Erasmo, e contra o que vai prevenir também Kant. Não é possível, na visão de Erasmo, impedir a presença de cláusulas secretas ou que sejam consideradas injustas por uma das partes. Um verdadeiro acordo só é possível com base na discussão comum de alguns pontos básicos, e a disposição recíproca, e autêntica, de concórdia.

Apesar de tomar partido pelo povo, Erasmo considera que cabe aos príncipes (*duces*), ainda, liderar o povo: "Se o povo é agitado por paixões, segundo seu costume, que seja retido pelos príncipes, a quem cabe ser, no Estado, o que o olho é no corpo, a razão na alma". A concepção de regime político de Erasmo, como pode se desprender de seus escritos, é o sistema misto de governo: um governante, um conselho e o povo. Concepção a que se inclinaram muitos teóricos da política, entre os quais Santo Tomás e o próprio Maquiavel[21].

Erasmo termina o adágio *Dulce bellum inexpertis* com uma exortação a que o Papa seja efetivamente o seguidor de Cristo e principal propagador de sua doutrina, que deveria ser, contrapondo Júlio II, esse Papa tão execrado, a Leão X, no qual deposita ainda muitas esperanças:

> Quais as atividades que convêm ao Papa? Não cabe a pessoas como eu pronunciar-se sobre isso. Direi somente isto: a glória desse vencedor [Júlio II], por fulgurante que tenha sido, viu-se ligada à perda e aos sofrimentos de um número muito grande de homens. A paz trazida ao mundo valerá a nosso Leão [Leão X] uma glória bem mais autêntica do que valeram a Júlio tantas guerras empreendidas com valentia ou conduzidas com êxito por todo o universo (DBI, 148).

Como se não bastassem todos os demais argumentos arrolados pelos intérpretes, de que não havia na época espírito capaz de produzir texto com tal qualidade e fino humor, pela rapidez e a extensão da difusão da obra – fácil a Erasmo, grande editor da época – e toda a aversão provocada em Erasmo pelo papa guerreiro, este parágrafo parece conclusivo em relação à autoria de *Júlio excluído do céu*.

---

21. É a tese de Newton BIGNOTTO (1991), com a qual nem todos estão de acordo, principalmente se se tomar exclusivamente *O príncipe* como guia para o pensamento político de Maquiavel. Bignotto examina também os *Discursos sobre a primeira década de Tito Lívio*.

2
Querela pacis

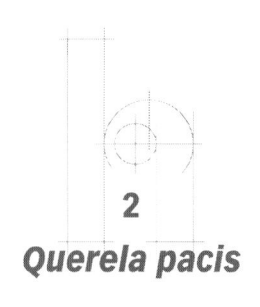

> E Deus ordenaria que terminasse a Sua guerra
> Afirmando que tudo estava bem;
> Construiria, afável, uma paz de rosas,
> Uma paz entre o Céu e o Inferno
> W. B. Yeats, "The rose of peace"
> (YEATS, 1993, 24-25)[1].

A *Querela pacis*, que se pode traduzir como "Queixa da paz" ou "Lamento da paz" (preferimos esta última versão), consiste em uma prosopopeia, na primeira pessoa do singular, sendo a paz o narrador. Recurso semelhante, portanto, ao utilizado por Erasmo em *Elogio da loucura*. Nesta, porém, o autor lançava mão da ironia. Na *Querela pacis* trata-se efetivamente de um lamento e de uma exortação para que os homens, especialmente os cristãos, sigam a paz, deixando de ser cristãos apenas no nome.

O texto foi encomendado na época em que Erasmo servia de conselheiro a Carlos de Borgonha, futuro Imperador Carlos V. O pedido para que escrevesse partiu de Jean Le Sauvage, político influente, que ocupou vários cargos ilustres e foi nomeado, em janeiro de 1515, Chanceler da Borgonha. Desse modo, Erasmo, no texto *Querela pacis*, não está tão à vontade quanto no adágio *Dulce bellum inexpertis*, pois tem de levar em

---

1. "And God would bid His warfare cease,/ Saying all things were well;/ And softly make a rosy peace,/ A peace of Heaven with Hell."

conta as injunções políticas do momento, especialmente os interesses da Borgonha, e teremos ocasião de notar essa influência, no elogio que faz à França. Dito isso, está claro que Erasmo não escreveria algo que fosse contra sua consciência. Outrora, escrevera, a pedido de Filipe, o Belo, escritos contra e a favor da guerra, o que deve ser encarado como exercício de retórica. Posteriormente, Erasmo jamais falaria senão em favor da paz, e é o que faz no texto que ora nos ocupa.

O texto *Querela pacis* se divide basicamente em quatro partes, de tamanhos desiguais. Os dez primeiros parágrafos[2] contêm um preâmbulo, uma espécie de queixume prévio, que antecipa o resultado do que segue, cujo tom seria: a paz não é acolhida em parte alguma, nem mesmo onde seria de esperar que o fosse. Do parágrafo 11 ao 16, há uma peregrinação da paz em busca de um lugar de repouso – entre os teólogos, entre os filósofos, entre os príncipes, nos mosteiros –, busca que se revela sempre frustrada. Do parágrafo 17 ao 56, temos o grosso da argumentação, que se faz ora em tom queixoso, ora em tom exortativo, lembrando as misérias da guerra e os benefícios da paz. Finalmente, do parágrafo 58 ao 67, temos uma exortação final, destinada especialmente aos príncipes, mas também aos religiosos e ao povo, para que a paz, pelo menos entre os povos cristãos, seja alcançada. Examinaremos separadamente cada uma dessas partes, exceto a última, dos parágrafos 58 ao 67, nas quais os argumentos praticamente se repetem.

1. Preâmbulo (§§ 1-10)

O primeiro parágrafo mostra que a intenção do autor não é fazer um libelo acusativo, pois, sendo a paz do interesse evidente dos próprios homens, é somente por loucura que estes não a seguem. Como diz a paz,

recusar com desconfiança tantas vantagens excelentes que trago comigo, mostrar-se ciumento em relação à sua própria sorte e, em lugar desses be-

---

2. Utilizamos a versão mais recente da tradução de Jean-Claude Margolin, em ERASMO, 1992, 912-955, pois o tradutor afirma que efetuou algumas modificações em relação à versão de 1973. A divisão em parágrafos da segunda versão é diferente da primeira.

nefícios, atrair sobre si voluntariamente a hidra negra, portadora de tantas catástrofes, não é, segundo todas as aparências, o cúmulo da demência? (QP, 912).

Portanto, é indício de loucura, já tratada apropriadamente em outro lugar (*Elogio da loucura*), a rejeição da paz pelos homens. Veremos adiante que Erasmo admite a possibilidade de a guerra e, portanto, a violência serem inerentes ao homem. É feita alusão, também, à necessidade que têm os homens de tornar as coisas mais difíceis para si, o que se percebe pela menção à "hidra negra", ou hidra de Lerna, um dos doze trabalhos de Hércules: "Em lugar desses benefícios, atrair sobre si voluntariamente a hidra negra".

O que permite à paz desculpar os homens é, em primeiro lugar, considerar que os prejudicados são os próprios homens e, em segundo lugar, que eles não têm consciência do que fazem. Na continuação imediata do trecho citado acima, a paz conclui:

> É justo deslanchar sua cólera contra os celerados, mas, para aqueles que estão assim possuídos pela raiva, o que podemos fazer senão lamentar sua sorte? Eles são sem dúvida muito mais a serem pranteados por não se queixarem eles próprios, e tanto mais infelizes que não têm consciência de sua infelicidade, já que nada no mundo pode lhes fazer avaliar a grandeza de sua loucura e encaminhá-los para a cura (QP, 912).

Aqui a paz (Erasmo) segue provavelmente a recomendação de São Paulo, de não julgar (Rm 2,1-3; 14,10; 14,13), mas ao mesmo tempo considera tais homens como não cristãos, como os "de fora", que serão julgados por Deus (1Cor 5,11-13). Assim, desde o início, torna-se manifesto que é a cristãos, ou aos que se consideram tais, que se dirige a mensagem de Erasmo. Em outras palavras, não poderia converter aqueles que não desejam ser convertidos. Em meio às querelas (e guerras) da cristandade, é à própria fonte do cristianismo, às Escrituras, que se volta Erasmo, na busca de uma *Philosophia Christi*, de uma unidade em Cristo. Mas sigamos o texto.

No parágrafo seguinte, Erasmo enfatiza a falta de bom senso que consiste em seguir o caminho da guerra, e não o da paz. Custa a crer que são homens os que se aplicam "com tantos esforços, tantos preparativos, tais dispêndios de dinheiro, tantos artifícios, tanta solicitude e riscos" (QP, 913) a expulsar a paz e a "pagar tão caro uma quantidade tão grande de infelicidades" (ibid.). Esse cálculo, ou enumeração, que voltará a aparecer em nosso texto, lembra de fato uma preocupação "burguesa" com o dinheiro, que faz sua aparição, de modo bem mais exagerado, em outros autores da época[3]. De fato, Erasmo não é rico e depende de seu trabalho para viver, não se esquecendo de que recusou cargos a fim de manter sua liberdade. De qualquer modo, não parece que o cálculo monetário ocupe um lugar muito proeminente em suas obras. Pode-se considerar, mais uma vez, que o autor talvez esteja apelando para valores que são importantes para os seus leitores potenciais, querendo desse modo tornar mais manifesto o prejuízo causado pela guerra.

No terceiro parágrafo, Erasmo lastima, mais uma vez, que sejam homens e não animais ferozes destituídos de razão, que acolhem tão mal a paz. Queixa-se ela:

A natureza gerou um só animal dotado de razão e capaz de exercer uma inteligência de origem divina. Foi o único engendrado para ser sensível à benevolência e à concórdia e, no entanto, encontro mais rapidamente um asilo – e tanto quanto possa desejá-lo – entre os animais selvagens ou próximo a não importa qual espécie de animal, do que entre os homens (QP, 913).

O que se pode intuir, por ora, aguardando indicações mais precisas sobre o assunto, é que Erasmo parece defender uma harmonização entre razão e natureza no homem. Pois, de um lado, louva a capacidade racional do homem, "capaz de exercer uma inteligência de origem divina". De outro, porém, lamenta que essa mesma razão o tenha levado a afastar-se da natureza, onde a concórdia e a benevolência recíprocas são mais bem observadas. Ocorre ali, com certeza, uma idealização da vida animal e da natureza, com base mais em relatos dos antigos do que em uma observação direta da natureza, mas trata-se de uma acusação que dificilmente se pode imputar a Erasmo sem o risco de grave anacronismo. Basta mencionar que Erasmo cita a concórdia entre dragões... Erasmo é, a esse respeito, autor mais medieval do que moderno.

---

3. Ver Capítulo 1.

O interesse de Erasmo incide mais sobre a natureza dos homens do que sobre as coisas naturais propriamente ditas. Como diz Huizinga, os sentidos estão aptos para a observação minuciosa de tudo aquilo que parece digno de nota. Esse apetite do Renascimento pelos tesouros do mundo, não o experimenta Erasmo sob a forma daquela necessidade de escrutar os segredos da Natureza, que animou um Leonardo da Vinci, um Paracelso, um Vesálio. O interesse que dedica às ciências naturais não é muito profundo (HUIZINGA, 1970, 174).

Desse modo, a comparação que efetua Erasmo entre os animais selvagens e o homem é mais retórica do que baseada na observação empírica. O conhecimento que tem da natureza inspira-se nos autores clássicos, e por isso repete muitas vezes lugares-comuns, como na continuação do texto, onde fala sobre a harmonia entre as esferas celestes, sobre a união entre corpo e alma e sobre a paz entre os animais, e que não é o caso de enumerar aqui. Não poderia estar ausente a alusão à organização social das abelhas e formigas (QP, 913-914). Segundo indica Jean-Claude Margolin, em nota, os exemplos são todos extraídos da *História natural*, de Plínio, o Velho.

A lista se estende às plantas e minerais (§ 5), aos animais ferozes (§ 6). Erasmo conclui essa enumeração das espécies distintas do homem com uma observação para a qual ele próprio chama a atenção:

> Acrescentarei uma observação que parece ser ainda mais surpreendente: os gênios malignos [*mauvais génies*] que pela primeira vez romperam a harmonia entre o Céu e os homens, e que prosseguem hoje sua obra de destruição, estão, todavia, unidos entre si por um pacto e se entendem para manter seu império tirânico, qualquer que seja ele (QP, 914).

Não se trata certamente de uma afirmação casual. Faz parte, assim pensamos, de uma convicção de que as forças que desencadeiam as guerras são anticristãs em sua essência ou, mais propriamente, são forças infernais, e é essa maquinação, por trás de roupagens cristãs, que Erasmo quer denunciar. Esperamos prová-lo na sequência do texto. Erasmo, como se sabe, é um pensador profundamente cristão e católico. Se prega uma *reforma* da Igreja, uma volta às fontes, se critica o clero, as ordens monásticas, não é com o intuito de derrubar a Igreja (*tant s'il faut...*) ou de ir contra o papado. O que não o impede de efetuar críticas duras a este ou àquele papa, como Júlio II, no texto em questão.

De qualquer modo, a ideia mais explícita no trecho acima consiste em afirmar que o mal apresenta uma unidade, tem uma existência positiva, ao passo que o bem não é capaz de unificar os homens. Longe se está, também, da ideia platônica, do "primeiro" Platão, de que o mal é pura carência, ignorância, "ausência de Bem". Que Erasmo conhecia Platão é mais do que provável, dada a difusão de sua obra na Itália a partir dos anos 30 do século XV, como mostra Delumeau:

> Nos anos 30 do século XV, Giovanni Auripa, um siciliano que viria a ser professor de Lorenzo Valla, trouxe para Florença uma coleção de manuscritos gregos que comprara em Constantinopla. Entre esses manuscritos estavam as obras completas de Platão. [...] Quando Cosme (o Antigo) morreu, em 1464, [Marsílio] Ficino já tinha traduzido dez *Diálogos* de Platão. Os outros diálogos foram traduzidos nos quatro anos seguintes (DELUMEAU, 1994, v. I, 96).

Se acrescentarmos a isso que Erasmo já admirava Valla e fora inclusive responsável pela descoberta de seus manuscritos das *Anotações sobre o Novo Testamento*, que ele editou[4], não parece despropositado interpretar Erasmo como conhecedor de Platão.

Prosseguindo na análise da primeira parte do *Querela pacis*, no sétimo parágrafo Erasmo aduz algo que parece confirmar a interpretação que demos acima acerca da relação entre o homem e a natureza. Diz a paz: "Somente os homens, que deveriam ser, mais do que todos os outros, inclinados à união que lhes é tão necessária, permanecem surdos à voz da natureza, de resto tão poderosa e eficaz" (QP, 914).

Resumindo o raciocínio de Erasmo nesse trecho, é paradoxal que somente o homem, justamente o ser dotado de todas as qualificações para se fazer entender, como a razão, a palavra, os sentimentos (as lágrimas e a correspondente capacidade de se comover), não seja capaz de entrar em acordo com seus semelhantes. Esses dons são o que fazem dele pro-

---

4. Paul Oskar KRISTELLER, "Erasmus from an Italian Perspective", em ERASMUS, 1989, 319.

priamente *humano*. Trata-se, como aponta Jean-Claude Margolin, em nota, da noção capital de *humanitas*, que não nasce com o homem, mas é construída. Daí a importância fundamental da educação na doutrina de Erasmo[5]. Em seguida, ainda no parágrafo oitavo, Erasmo ressalta a interdependência entre os homens. A natureza "não se contentou em tornar a amizade agradável ao homem unicamente pelas seduções da paz, ela quis também que esse sentimento fosse uma necessidade" (QP, 915). Menciona ainda, nesse sentido, a desigualdade natural entre os homens, que faz com que ninguém contenha em si todas as perfeições, precisando da ajuda uns dos outros. Do mesmo modo, finalmente, as cidades necessitam umas das outras, por não produzirem todos os bens que lhes permitiriam ser autossuficientes.

O parágrafo nono é de grande importância, por conter princípios da chamada filosofia política de Erasmo. Faz ecoar Rousseau e os demais filósofos contratualistas:

> Essa mesma natureza forneceu aos outros animais armas apropriadas e meios de defesa. Criou um só animal, o homem, desarmado e fraco, a fim de que ele não pudesse assegurar totalmente sua segurança, senão pela união com seus semelhantes e um tratado de assistência mútua. Foi a necessidade que levou à descoberta das sociedades civis, foi ela que ensinou aos homens unir-se para sua defesa, a fim de, unindo suas forças, poderem proteger-se contra os animais selvagens e a violência dos bandidos (QP, 915-916).

A concepção de uma necessidade natural, de uma teleologia da natureza, vem quase no lugar de uma providência divina. Não fosse a profunda (e não só aparente) religiosidade de nosso autor, veríamos ali traços da concepção spinoziana (*Deus sive natura* ["Deus, ou seja, a natureza"])[6]. É notável, a nosso ver, a ideia de que foi a fraqueza do homem

---

5. Diz HUIZINGA (1970, 162): "Seria interessante falar mais amplamente dos ideais de Erasmo em matéria de educação" e "que doçura e que claro bom senso que irradia de tudo que Erasmo escreveu a respeito do ensino e da educação". Ver também o verbete "Éducation" na coletânea de 1992, ERASMO, *Éloge de la folie* CII-CIV. Ver L. P. ROUANET, "Erasmo e a educação", em ROUANET, 2010, 139-149.

6. A imagem do homem animal desarmado inspira-se, sem dúvida, como observa Jean-Claude Margolin, no mito de Epimeteu, narrado em *Protágoras* 320c-322a. Sobre

e a necessidade que levou à "descoberta" (e não "criação") das sociedades civis. Trata-se, mais uma vez, de algo que estava contido na natureza: a ideia de uma organização social, que bastava ao homem descobrir. Ecos, agora, talvez, do pensamento de Santo Agostinho, para quem Deus deu aos homens conhecimento suficiente para despertar sua curiosidade acerca de Sua natureza, o homem precisando esforçar-se para conhecê-lo ainda melhor. Como diz Gilson,

> desde o início, o Deus agostiniano aparece com seu caráter distintivo de Deus que se dá a conhecer de modo assaz evidente para que o universo não possa ignorá-lo, mas que só se deixa conhecer na medida do necessário para que o homem deseje possuí-lo ainda mais e se esforce para procurá-lo (GILSON, 1943, 11).

Um tratado de assistência mútua; trata-se, desta vez, de algo não natural, forçado pela necessidade. Seria o homem, em estado de natureza, insociável?[7] Assim, a razão é a arma do homem, que, de outro modo, fraco e desarmado, não teria como se proteger dos demais animais e da ferocidade do próprio homem. Para escapar a isso, une-se e efetua um *pacto* ou "tratado de assistência mútua".

No parágrafo 10, conclusão do preâmbulo que ora examinamos, Erasmo volta a enfatizar a importância da natureza em seu pensamento. O trecho merece citação:

> Assim, portanto, por meio de inúmeros testemunhos, a natureza nos ensinou a paz e a concórdia: ela se serve de mil seduções para nos pôr em sua via, tantos laços nos empurram para ela, tantas razões nos arrastam em direção da paz! (QP, 916).

A "natureza nos ensinou a paz e a concórdia": através do exemplo dos animais, das plantas, mesmo dos minerais (o magneto, a pedra atraindo a pedra), mas não do homem, como vimos. O homem, talvez devido à queda, encontra-se desprotegido diante dos outros animais e

---

Espinoza e sua concepção religiosa, preferimos não nos manifestar, remetendo ao livro da Profa. Marilena CHAUÍ, 1999.
7. Ver I. KANT, 1986, 13 e passim; KANT, 1991, Band XI, "Idee zu einer Allegmeinen Geschichte", Vierter Satz, A 392, 37.

de si mesmo, e precisa criar (descobrir) para si uma proteção artificial. O homem precisará (re)descobrir a paz, assim como precisará construir sua humanidade. A natureza "se serve de mil seduções para nos pôr em sua via": trata-se do "ardil da natureza"? Trata-se antes, acreditamos nós, dos encantos e atrativos naturais, como a cor e o perfume das flores, a harmonia entre os animais e todos os exemplos da perfeição da natureza. É isso que nos deveria fazer querer imitá-la. Erasmo já havia falado de sedução a respeito da amizade (QP, 915), o que nos faz pensar também em uma inclinação natural dos homens por essas coisas. No entanto, apesar de tudo isso, o que se vê é os homens se querelando entre si, despedaçando-se mutuamente em "inesgotáveis dissensões, litígios ou guerras intermináveis" (QP, 917), levando a pensar que são na verdade destituídos de razão humana. Ora, é justamente a denominação de "humanos" que deveria bastar para pôr um fim a todas essas calamidades: "A denominação comum de *humano* deveria bastar para estabelecer uma convenção entre todos os homens" (ibid.). Trata-se, mais uma vez, da noção de *humanitas*, que deve ser objeto de *construção* do homem. Assim, podemos supor, por extensão, que também a paz deve ser construída. Veremos como. A seguir, vem uma espécie de *intermezzo* em que a paz procura uma morada.

2. Intermezzo (§§ 11-16)

"Admitamos, contudo: essa natureza, que tem o poder máximo sobre os animais, não teria eficácia alguma sobre os seres humanos." Com essa afirmação inicia-se a segunda parte, ou parte intermediária de nosso texto. Em se tratando do homem, portanto, como já havíamos visto, a natureza não parece exercer o mesmo efeito. Sequer os ensinamentos de Cristo parecem ter alguma influência sobre os homens, no sentido de modificar o seu comportamento e evitar que guerreiem entre si (QP, 917).

A seguir, Erasmo vai examinar a contradição aparente entre pensamento e gesto, entre a finalidade declarada das instituições dos homens e o modo como uns e outros se comportam, negando na prática a intenção anunciada:

Quando ouço o nome de homem, apresso-me ao seu encontro, como em direção a um animal cujas condições próprias de nascimento me permitem fazer-lhe confiança, e desejo repousar-me junto a ele. Quando ouço o nome de cristãos, voo para eles com mais pressa ainda, com a esperança de estabelecer junto a eles o meu reino (QP, 917).

A paz, mulher, assim como a deusa fortuna, anseia repousar-se ao lado do homem. Se cristão, ainda mais. É o primeiro movimento, de esperança: "Com a esperança de estabelecer junto a ele o meu reino". Mas a esse movimento sucede-se o de decepção, desilusão: "Mas, também aqui, tenho vergonha e dificuldade de confessar: nas praças públicas, nos tribunais, nas assembleias, nos lugares de culto, em toda parte soam ruídos de disputas como jamais se ouviram entre os pagãos" (ibid.). Em outras palavras, os homens não fazem jus à sua *humanidade*, nem os cristãos ao nome que os inspira. Será tudo simulação, falsidade, ou será essa também uma face da verdade do humano e do cristão?[8]

Vem em seguida uma enumeração dos locais e dos grupos nos quais a paz esperaria encontrar refúgio, mas onde se vê sucessivamente frustrada: cidades, cortes, entre os sábios (literatos, filósofos, teólogos), os religiosos, os monges (QP, 917-920).

O que vemos, no início da enumeração, é que, ao buscar e não encontrar refúgio nas cidades, a paz é mais desafortunada ainda que o Senhor, que pelo menos encontra em Ló e em sua casa abrigo contra a população enfurecida de Sodoma (Gn 19,1-10). Ou, talvez, mais severa, pois não consegue encontrar um justo sequer (cf. Gn 18,22-32): "Aqui, também, descubro que as discórdias tudo corromperam, a ponto de que, em toda a cidade, não posso *praticamente* encontrar uma só casa que seja para mim local de repouso, mesmo que fosse por alguns dias apenas" (QP, 917; grifo nosso). O advérbio "praticamente" remete, talvez, justamente, à insignificância do que é oferecido à paz, a ponto de que a cidade mereceria antes ser destruída, com ou sem a retirada dos "justos" que ali porventura se encontrassem.

As cortes, que Erasmo tem em alta conta, junto às quais goza de grande estima, constituem objeto especial de sua atenção no texto que ora exami-

---

8. Reservaremos esta questão para a análise final sobre Erasmo, mas ver RIBEIRO, 1993, em especial, para esta questão, o capítulo 5, "O discurso *moraliste*".

namos, o que ficará mais evidente na terceira parte. Também ali, porém, após um princípio mais promissor, em que a paz observa signos exteriores de cordialidade, convivência fraterna e camaradagem, gestos polidos, logo percebe que se trata de simulação (mais uma vez a máscara!):

Refugio-me nas cortes principescas como num porto seguro. Aqui, pelo menos, digo para mim mesma, a paz encontrará um lugar de asilo; os príncipes são mais sábios do que o homem comum, pois são a consciência da multidão e o olho do povo. [...] Tudo me parece de bom augúrio, portanto. Observo trocas de cumprimentos acompanhadas de sorrisos significativos, vejo amigos que se beijam, reúne-se alegremente para beber, cumprem-se todos os outros deveres da convivência. Mas, ó espetáculo indigno, não se pode discernir neles a mínima sombra de verdadeira concórdia. Tudo é mentira e dissimulação, tudo está corrompido por facções que estouram à luz do dia, ou por dissensões e rivalidades ocultas. [...] Estão eles próprios na origem e fonte de todas as guerras (QP, 918).

Que as cortes constituam um porto seguro para Erasmo, isso não correspondia inteiramente à realidade, tanto que ele vai de fato refugiar-se em Basel, na Suíça, o país natal de Rousseau cerca de um século e meio mais tarde. No entanto, constituíam sim seu público-alvo: Erasmo só escrevia em latim, visando dessa forma o público de elite, dotado de alta cultura, e que incluía os religiosos e sábios das universidades e alguns dos dignitários das cortes, entre os quais os príncipes. Daí a decepção (*deceptio*), no pleno sentido da palavra, tanto de engano, logro, quanto de frustração por uma expectativa desfeita. O que ali se vê como signo aparente de concórdia não é senão, mais uma vez, dissimulação.

Mas vê-se também, pelo trecho acima, que a paz não é totalmente avessa aos prazeres. Ela não é, até onde podemos ver, a antítese pura e simples da loucura. Esta, em seu elogio, lembra: "O que seria da vida, com efeito, e mereceria ela tal nome, caso dela se tirasse o prazer?" (ERASMO, 1992, 17; 1989, 13). Do mesmo modo, no trecho da *Querela pacis* a paz comenta: "Cumprem-se todos os deveres da convivência (*convivialité*, em francês)". Trata-se daquela polidez sem a qual não há civilização, elevada a um alto grau. Erasmo, que conviveu de perto com as principais cortes e reis da Europa, não ignorava isso, pois caso contrário não sobreviveria. Mais uma aproximação pode ser feita com Rousseau, que também se deixa seduzir, num primeiro momento, por tal jogo, mas afastando-se depois e passando a fazer sua crítica. De certo modo, por sua busca de simplicidade (volta às fontes/volta à natureza, em Rousseau), Erasmo em mais de uma ocasião faz ecoar Rousseau.

Nota-se, mais uma vez, o caráter absoluto da avaliação: "Não se pode discernir neles a *mínima* sombra de verdadeira concórdia. *Tudo* é mentira e dissimulação, *tudo* está corrompido" (grifos nossos). Será tal leitura nuançada adiante? Não cremos. Pode-se notar já aqui uma diferença marcante de tom entre o *Elogio da loucura* e o *Lamento da paz*, não bastassem os próprios títulos: ao tom brincalhão, alegre, leve, zombeteiro do primeiro discurso, contrapõe-se o tom sério, melancólico mesmo, amargo do segundo discurso. Afinal, neste mundo, parece que é a loucura que leva a melhor, e ela tem toda a razão de estar alegre, na mesma medida em que a paz tem de estar triste. A paz conclui o trecho afirmando que, afinal, são os príncipes os responsáveis pelas guerras. Líderes que deviam ser, governando para o bem do povo, "consciência da multidão e olhar do povo", agem somente em interesse próprio. Erasmo considera ser este um dos principais pontos a serem atacados para a consecução da paz perpétua: que os príncipes deixem de considerar os Estados e os povos como sua propriedade privada. O "pensamento político" de Erasmo, porém, é bastante limitado. Huizinga resume bem o caráter de Erasmo:

> Apesar duma certa moderação inata, Erasmo era um espírito completamente impolítico. Vivia demasiado longe da realidade prática e tinha uma ideia demasiado ingênua da perfectibilidade dos homens para ser capaz de compreender as dificuldades e as necessidades do aparelho do Estado. As suas concepções a respeito do bom governo eram muito primitivas e, como acontece muitas vezes com eruditos fortemente tingidos de moral, no fundo muito revolucionárias, ainda que nunca lhe tivesse vindo à ideia extrair-lhes as consequências (HUIZINGA, 1970, 228).

Teremos de voltar a isso ao avaliarmos globalmente o projeto erasmiano de paz. Por ora, a paz conclui, antes de buscar outras paragens, que "os príncipes possuem mais grandeza do que ciência e são conduzidos menos pela reta razão do que pelas paixões" (QP, 918). Prenúncio do racionalismo do século XVII? Preferimos ver nisso indícios de platonismo.

O que se deve registrar é a ousadia de Erasmo: ao escrever para príncipes, não teme acusá-los de ignorância e arrebatamento. Nesse contexto, acusá-los de serem movidos pela paixão equivale a chamá-los de tiranos. Depois dessa nova, e grande, decepção, onde irá buscar refúgio a paz? "Irei refugiar-me [...] nas hostes dos sábios (*savants*). As letras fazem deles homens, a filosofia os torna mais do que homens, a teologia os torna divinos" (QP, 918). A ironia faz aqui sua aparição. Até o momento, ela, que esteve quase que onipresente no discurso pronunciado pela loucura, estava ausente no discurso da paz, mas mesmo esta não resiste a lançar alfinetadas à arrogância, à pretensão e à vaidade de filósofos e teólogos, em especial. As letras são poupadas, pois fazem dos sábios homens, os torna *humanos*, concretos. Trata-se de uma atitude comum aos letrados de sua época, que davam mais importância às obras com forma literária (*bonae litterae*)[9] do que a tratados mais sistemáticos e teóricos, identificados com a Escolástica. O próprio Erasmo não escreveu obra estritamente teórica, preferindo adotar gêneros literários como o encômio, a sátira, o diálogo (os *Colóquios*), a carta etc.

Como era de esperar, nova decepção entre os sábios: também entre eles há guerra,

> menos sangrenta, sem dúvida, mas não menos estúpida. Uma escola está em luta com outra, como se a verdade do que é variasse segundo o lugar. É desse modo que certas verdades aprovadas aqui não atravessam o mar, outras não ultrapassam os Alpes, outras enfim não atravessam o Reno (QP, 918).

No trecho citado, é especificamente à briga entre as escolas que a paz se refere. De fato, nessa época, digladiavam-se escotistas, tomistas e nominalistas, sem mencionar a disputa entre aristotélicos ("peripatéticos", no texto) e platônicos[10]. Vê-se a defesa de verdades universais, que não variem ao atravessar o mar, ao cruzar os Alpes ou o Reno. Vemos nisso

---

9. HUIZINGA, 1970, 156: "*Bonae literae* é intraduzível. Essa expressão designa toda a literatura, toda a ciência e toda a civilização clássicas, consideradas como um conhecimento são e salutar relativamente ao pensamento medieval".
10. Sobre as disputas entre escotistas e nominalistas (occamistas) e sua influência sobre a universidade espanhola, particularmente Alcalá e Salamanca, ver BATAILLON, 1996, 15ss.

Erasmo defensor de uma razão universal e crítico do que hoje chamaríamos de "relativismo". O que poderíamos, talvez, questionar é sua crença em uma verdade absoluta, o que nos levaria a confrontá-lo com céticos, entre os quais o nome de Montaigne (1533-1592), seu contemporâneo, se destaca. Isso, porém, nos afastaria demasiado de nosso tema. De qualquer modo, trata-se duma crença, não menos presente em nossos dias, de que é possível chegar a uma verdade indiscutível, única. Não está descartado que ela exista, mas como decidir qual ela é e em seguida convencer disso os homens? Trata-se da crença fundamental por trás de certo tipo de universalismo. É de perguntar, também, se essa opinião em defesa da verdade absoluta não corresponde a um posicionamento do próprio Erasmo nas querelas que ele critica, o que o implicaria no argumento. Trata-se, talvez, de uma herança de um dogmatismo presente nas obras de Platão, de Aristóteles, de Santo Agostinho e de tantos outros.

No trecho destacado, porém, há outra interpretação possível, igualmente compatível com o pensamento de Erasmo. Justamente o que não se pode, segundo essa interpretação, é pretender que uma verdade que vale para certo povo, localmente, valha também para outros povos, para todos os povos. Questiona-se dessa forma o caráter de verdade das proposições que têm apenas valor local. Seria melhor, então, renunciar a essa pretensão de verdade, admitir a limitação e a fraqueza da própria razão e desse modo buscar um entendimento com outros homens igualmente limitados. De acordo com isso, estão as afirmações de Erasmo, citadas abaixo, no sentido de que uma das coisas de que mais se vangloria é de jamais ter aderido a um partido e de que antes de tomar certas decisões, como escolher um partido, casar-se, é preciso conhecer-se bem a si mesmo. Ambas as interpretações, portanto, parecem plausíveis e podem ser combinadas na seguinte proposição "erasmiana": *a verdade é única, mas para chegar a ela é preciso conhecer-se a si mesmo, e é por falta desse conhecimento que os homens não conseguem entender-se, existindo em vez disso várias verdades, o que é causa de muitos conflitos.*

A paz, naturalmente, coloca-se acima de todas as disputas. Mas será que podemos isentar o próprio Erasmo? Parece que sim, ao menos se dermos crédito, mais uma vez, a J. Huizinga:

O fato de que ele [Erasmo] jamais tenha escolhido definitivamente um lado resultava de uma necessidade premente de perfeita independência. Cada compromisso, mesmo que temporário, era sentido como um grilhão por Erasmo. Um interlocutor, nos *Colóquios*, nos quais com tanta frequência, de maneira espontânea, revela seus próprios ideais de vida, declara-se determinado a não se casar nem engajar-se em ordens sagradas nem entrar em um mosteiro nem estabelecer nenhuma ligação da qual ele se veja incapaz, depois, de libertar-se – pelo menos não antes de se conhecer completamente. [...] "Sobre nenhum outro aspecto eu me congratulo a mim mesmo mais do que pelo fato de não ter jamais me vinculado a nenhum partido", diz Erasmo no fim de sua vida[11].

Assim, podemos supor que a posição da paz, no texto que estamos analisando, é de certo modo também a de Erasmo: ele não se filia a nenhuma escola, conservando a liberdade de servir-se daqueles aspectos que mais lhe convierem nas diversas correntes. Nem por isso, acreditamos nós, Erasmo é um pensador eclético ou conciliador. Julgamos, sim, que essa independência é que faz dele um pensador original, preocupado em efetuar sua própria síntese. Pode-se dar a ela o nome de *Philosophia Christi*, desde que se entenda por ela uma filosofia baseada na tolerância e que vai inspirar-se na fonte do cristianismo, nas Escrituras. Essa forma de pensamento é tornada possível pelo imenso trabalho de tradução e de depuração dos textos sagrados, que teve como um dos principais precursores Lorenzo Valla e um de seus maiores representantes Erasmo de Roterdã[12].

À ideia de um Erasmo conciliador opõe-se Lucien Febvre: "Chamam-no de conciliador. Absurdo. Para Erasmo, os pensamentos de Aristóteles e Platão, de Homero e Virgílio, de Sêneca e Orígenes não são conciliáveis. São nosso mundo, um mundo completo e em bloco"[13]. Então, talvez, em lugar de conciliador deva-se chamá-lo de *unitarista*, mas de um unitarista

---

11. J. Huizinga, "Erasmus mind", em Erasmo, 1989, 302.
12. Sobre Lorenzo Valla, ver o belo artigo de Renato Janine Ribeiro, "Lorenzo Valla e os inícios da análise de texto", em Ribeiro, 1993, 55-70. Sobre a importância de Erasmo nesse movimento, ver Delumeau, 1994, v. I, 86.
13. Lucien Febvre, "Erasmo y su época", em Febvre, 1970, 93. A título de curiosidade, essa conferência foi pronunciada no Rio de Janeiro, em 1949, na Academia Brasileira de Letras.

tolerante, que, antes de impor a alguém sua própria crença, quer certificar-se de que ele próprio crê. "São Sócrates, orai por nós...", diz Erasmo. Assim, para concluir a análise de trecho tão fértil, a paz se afasta dessas disputas estéreis, regadas a venenos e pontadas de um lado ao outro, chegando quase às vias de fato. Erasmo mesmo teve de se esquivar ao longo de toda a sua vida – mas às vezes procurando-as – desse gênero de disputas, não tão mortais, é verdade, quanto as disputas no terreno religioso, a não ser quando confundidas com elas, o que não era raro na época.

É justamente a religião o lugar em que, em seguida, a paz vai buscar refúgio. Como já sabemos, A despeito de suas roupagens, de suas vestes às vezes da mesma cor que a da paz, isto é, o branco, de seu signo, a cruz, também entre eles a concórdia é apenas aparente (QP, 919). Curiosamente, Erasmo não se estende muito sobre esse ponto. Ignoramos os seus motivos: temor de se comprometer com alguma das posições? Medo da Inquisição? O que sabemos é que Erasmo conseguiu, por seu prestígio, pôr-se a salvo, obtendo apoio tanto nas cortes como na Igreja[14].

Na verdade, porém, Erasmo está se dirigindo, no texto *Lamento da paz*, aos cristãos. Por esse motivo, não busca refúgio senão entre os padres da Igreja Católica. Erasmo nunca deixou de ser católico, e, apesar de criticado por não tomar um partido mais decisivo em relação a um ou outro dos contendores, sua posição não deixa lugar a dúvidas nesse aspecto, a não ser para seus inimigos mais encarniçados[15].

O que a paz constata é que não há paz nem sequer dentro da estrutura secular da Igreja, pois padres, bispos e cardeais vivem querelando-se. E Erasmo aproveita a ocasião para fazer uma crítica à posse de bens por parte dos membros da Igreja (QP, 919). Esse é um dos pontos do reformismo de Erasmo. O outro vem a seguir.

Trata-se da crítica radical às ordens monásticas, expressa pela célebre afirmação *Monachatus non est pietas* ["o monasticismo – a forma de vida monástica – não é religião"]. A paz agora não toma um desvio, não se deixa enganar nem de saída, critica desde o início do parágrafo essa

---

14. Ver BATAILLON, 1996, para a aprovação da Inquisição (em especial no que se refere a seu livro *Enchiridion militis christiani*), 192; para o apoio da corte imperial, 133-140.

15. Para um exemplo, veja-se o caso de Lopes ZUÑIGA, descrito por BATAILLON, 1996, 90-96 e 115-132.

forma de vida religiosa: "Resta, todavia, uma classe de homens que estão a tal ponto presos à religião que não poderiam, mesmo que quisessem, dela libertar-se, de modo algum, não mais, com certeza, do que uma tartaruga de sua carapaça" (QP, 919-920). A respeito de sua oposição à vida monástica, trata-se de uma bandeira comum aos reformadores. Escreve Trevor-Roper:

> Do início ao fim [os monges] foram a maldição da vida de Erasmo. Entre eles não havia paz. Ele os odiava e desprezava como inimigos irreconciliáveis do aprendizado e da verdadeira religião, e eles por sua vez o perseguiam com o espírito de vingança de uma classe em baixa, cuja existência se vê ameaçada pela Reforma[16].

Dessa feita, já cansada de tantas decepções, a paz não aspira a encontrar guarida entre os monges. Mas, para não deixar nada ao acaso, examina também os mosteiros. Mais rapidamente do que antes, porém, tem de abandonar esses lugares. Está-se em meio às brigas entre facções, e às vezes dentro da mesma ordem:

> Os dominicanos estão em conflito com os frades menores, os beneditinos com os bernardinos. [...] A mesma confraria se cinde em várias facções: os observantes perseguem com seu ódio os recoletos, e uns como outros detestam a terceira ordem, que tira o seu nome de conventuais de seu convento, enquanto mesmo entre estes últimos nenhuma convenção é de regra (QP, 920)[17].

Não vamos entrar aqui nas minúcias das disputas entre as ordens e dentro delas, bastando, para nossos fins, salientar que essas disputas com frequência descambavam em acusações de heresia, pecha que, como se sabe, era extremamente perigosa na Europa da época, não escapando aos braços da Inquisição nem mesmo os Países Baixos, terra

---

16. H. R. TREVOR-ROPER, "Desiderius Erasmus", em ERASMUS, 1989, 273.
17. Para algumas dessas divisões, em especial entre observantes e conventuais, ver BATAILLON, 1996, 5: "Desde os dias mesmos de São Francisco de Assis, o franciscanismo se cindira em duas frações: os conventuais, para cujos mosteiros não era ilícito o direito de propriedade, e que viviam com maior ou menor folga de suas rendas, e os franciscanos de estrita observância, fiéis à regra de pobreza".

habitual de maior tolerância. A esse perigo, porém, Erasmo não faz nenhuma referência. Termina aqui a parte que chamamos de *Intermezzo*. Inicia-se agora a parte central do texto. Dada sua extensão – trinta e nove parágrafos na tradução francesa que estamos utilizando –, seremos obrigados a resumir sua apresentação, destacando apenas os pontos que julgarmos mais pertinentes do ponto de vista de nosso tema principal. Seu interesse principal talvez se situe no terreno da teologia, e por esse motivo seremos bastante breves nesta exposição.

3. Terceira parte (§§ 17-29)

O início da terceira parte retoma o movimento do começo do texto *Querela pacis*. A paz, talvez por um hábito de otimismo, volta aos casais, esperando encontrar paz, e aos indivíduos, última esperança frustrada (QP, § 17, 921). Mesmo dentro de um só indivíduo, encontra-se a divisão: "O homem de que falo luta consigo mesmo. A razão se bate contra as paixões, e, mais ainda, as paixões estão em conflito entre si; enquanto a piedade o chama de um lado, a cobiça o arrasta do outro".

Essa luta interna era, como sabemos, a característica do tirano, presa de suas próprias paixões: o tirano, para Platão, é antes de tudo tirano de si próprio.

A paz, então, se dá por vencida, pelo menos no que diz respeito a encontrar, nos dias em que escreve, um lugar de repouso. Passa a lembrar os atos e palavras de Cristo, questionando aqueles que dizem agir em seu nome. Não vamos entrar nos detalhes de sua argumentação neste trecho[18]. Basta enfatizar que Cristo é visto sempre como modelo de paz e tolerância, e que nada em suas ações e palavras autorizaria o comportamento daqueles que se dizem cristãos e que, príncipes ou religiosos, perseguem e matam supostamente em nome de Cristo. Erasmo faz também uma distinção importante entre o Antigo e o Novo Testamento, ou me-

---

18. Para uma exposição bastante similar e sucinta que pesquisa as raízes da tolerância (e da intolerância) no Antigo e no Novo Testamento, ver LECLER, 1955, especialmente capítulos 1 e 2, 42-64.

lhor, entre "o Deus dos judeus e o Deus dos cristãos" (QP, § 18, 923). No Antigo Testamento, de fato, fala-se em "Deus dos exércitos" (por exemplo, 1Rs 1,3.11; 4,4; Is 1,24) e "Deus da vingança" (Sl 93,1), mas mesmo ali, servindo-se de uma interpretação alegórica inspirada, entre outros em Orígenes, Erasmo considera que não se devem interpretar tais passagens literalmente. De qualquer forma, se a religião dos judeus não os impedia de ir à guerra e mesmo de invocar Deus para apoiar suas ações, nada de semelhante é autorizado pela religião cristã, entendendo-se esta como aquela inspirada nos ensinamentos originais de Cristo.

4. Quarta parte (§§ 30-56)

Esta parte poderia receber o título de "Os motivos da guerra". No parágrafo 30, que inaugura esta seção, a paz constata que, mesmo sendo tão frágil, o homem é o principal causador de morte aos próprios homens. E, muitas vezes, por causa da ambição de uns poucos, às vezes dois, muitos perecem: "Pela loucura de dois miseráveis mortais, transformam-se completamente as leis da humanidade" (QP, § 30, 931).

Considerando apenas a última década, isto é, de aproximadamente 1505 a 1516, época da redação do *Lamento da paz*, o que se vê é uma conflagração quase geral.

Entre os conflitos, pode-se citar, em 1513, a vitória dos ingleses sobre os franceses "próximo a Guinegatte, na fronteira dos Países Baixos" (TREVELYAN, 1984, 202). "A tensão é então aguda entre a França e o Império. Maximiliano prepara-se para afrontar os venezianos e franceses, Leão X conquista o ducado de Urbino, a Sicília se revolta contra a dominação espanhola, e Jean d'Albret prepara-se para reconquistar sua Navarra."[19]

Pelos motivos mais fúteis, diz Erasmo, os príncipes declaram guerra uns aos outros:

Um descobriu ou inventou algum direito obsoleto e arruinado pelo tempo, como se importasse muito que tal ou qual príncipe governasse o reino, con-

---

[19]. Nota de Jean-Claude Margolin, na edição que estamos utilizando da *Querela pacis, La complainte de la paix*, em ERASMO, 1992, 931, n. 1.

tanto que os interesses públicos fossem bem administrados. Outro toma por pretexto não sei que detalhe omitido em um tratado comportando cem artigos. Este tem mágoas contra aquele em sua vida privada a respeito de uma noiva interceptada ou de alguma brincadeira excessivamente livre (QP, § 32, 931-932).

Aparecem ali alguns dos problemas cuja solução apontaria na direção da paz, segundo Erasmo: os príncipes pensarem nas nações como terras de propriedade de sua família, administrarem tendo em vista seus interesses particulares e mesmo de natureza privada. Outro problema reside ainda nos tratados: a esse respeito, Erasmo tem a curiosa posição de não confiar em tratados como forma de alcançar a paz. É preciso, acima de tudo, uma boa intenção, mas voltaremos a esse ponto ao examinarmos a parte final do texto.

Após perguntar-se sobre o que levou os príncipes cristãos a se comportarem pior do que os piores tiranos da Antiguidade (§ 33), a paz faz um longo elogio da França, que só se pode compreender por razões políticas, pois não se coaduna com o restante do texto. Como é que a paz, após ter declarado não encontrar um só lugar onde pudesse repousar-se, faz tal encômio do "florescente" reino da França, a "fortaleza mais segura" do reino de Cristo, causa de inveja dos reinos vizinhos? Há que lembrar que o texto *Lamento da paz* foi escrito sob encomenda de Jean Le Sauvage, então chanceler da Borgonha[20]. É de supor, também, que não fosse contrário ao pensamento de Erasmo, que lá habitou tendo fugido por causa de peste.

No parágrafo 35, Erasmo retoma a comparação com os animais, especialmente os animais ferozes, para lembrar que nem mesmo a ferocidade destes se compara às "máquinas infernais", isto é, os canhões: "Os homens, que nasceram desarmados, de que armas terríveis, ó Deus imortal, a cólera não os provê? As máquinas infernais dos cristãos atacam

---

20. QP, § 34, 932-933 e nota 1 do tradutor, à 933: "Erasmo idealiza a ambição do imperialismo francês por motivações de ordem política, sobretudo pela francofilia da política borgonhesa". Outra explicação, de ordem pragmática, e que está por trás da encomenda da redação do *Querela pacis*, é a viagem do futuro Imperador Carlos V à Espanha, o que o faria necessariamente passar pelo território francês, necessitando por isso manter boas relações com Francisco I. Ver a Apresentação de J.-C. MARGOLIN, em ERASMO, 1992, 910.

outros cristãos. Quem poderia crer, com efeito, que os canhões tenham sido inventados por homens?" (QP, § 35, 933)[21].

De fato, os canhões mudaram a face da guerra: o rei não vem mais à frente de seus exércitos: Henrique V é talvez um dos últimos – e mais famoso – reis a encabeçarem a luta, dando assim exemplo a seus soldados. Francisco, ainda em 1525, é capturado em Pavia, pelos espanhóis, e seu resgate custou muito à nação[22]. É justamente nesse momento que se pode constatar uma mudança de mentalidade que vai permitir a alguns historiadores apontar a passagem do século XIV para o XV como o nascimento da Idade Moderna e o fim da Idade Média. Os dogmas são superados na prática: a Terra é redonda, e assim o mostram os navegadores. Já Alberto Magno e Roger Bacon, no século XIII, punham em xeque a concepção de que a Terra era um disco achatado. Mas foi o retorno aos gregos que permitiu reavaliar essa teoria, em especial Erastóstenes (276-194 a.C.) e Ptolomeu (127-160 d.C.), os quais forneceram uma medida do perímetro do Equador. Como mostra Delumeau, foi o erro de cálculo de Ptolomeu que previu um perímetro muito menor (o cálculo de Erastóstenes sendo espantosamente mais próximo do real) que encorajou Colombo a empreender sua viagem (cf. DELUMEAU, 1994, 53).

De modo geral, é uma época que questiona a autoridade. Com a difusão das letras e do saber proporcionada pela invenção de Gutenberg, cada um se vê no direito de investigar por conta própria, sem se fiar, necessariamente, na palavra das autoridades constituídas.

Nesse contexto, portanto, a afirmação de Erasmo contra o poder infernal dos canhões demonstra a perplexidade do filósofo diante de uma mudança que não tem condições ainda de avaliar à sua plena luz. Vive ainda no antigo *páthos* da cavalaria, das lutas, por assim dizer "românticas", onde se via o rosto do inimigo. Ao mesmo tempo em que defende a mudança de algumas instituições, como a divisão das terras em propriedades pertencentes a famílias, mostra-se ainda apegado a valores

---
21. Ver Capítulo 1.
22. Informações constantes do Prefácio de Renato Janine Ribeiro ao seu *A última razão dos reis*, 1993, 8. Aliás, o título provém justamente dali: os canhões são a última razão dos reis, inscritas nos próprios canhões, o recurso utilizado quando falha toda tentativa de diálogo e de argumentação racional (ou pelo menos assim pretextavam).

do passado. Mais uma vez, cabe lembrar que não se trata de uma crítica dirigida a Erasmo a esse respeito, mas antes de uma constatação. Seria grave anacronismo exigir do filósofo uma consciência maior do que a que podia ter naquele momento. Nas palavras de Lucien Goldmann, essa seria sua "consciência possível" (GOLDMANN, 1980)[23].

Outra triste constatação da paz, que se choca com os ideais adquiridos: o conhecimento e a educação não impedem os homens de agir pior do que os animais selvagens:

> Se o populacho vil (*bas peuple*) se entregasse a tal comportamento, isso lhe seria perdoado, de uma maneira ou de outra, pretextando sua ignorância; caso se tratasse de jovens, invocar-se-ia a inexperiência de sua idade; se os profanos se tornassem culpados, a qualidade de suas pessoas tornaria menos horrível a atrocidade de seus atos. Mas hoje constatamos que a maior parte das guerras se origina na vontade daqueles cujos conselhos e moderação deveriam ser os mais apropriados para acalmar a agitação do povo (QP, § 35, 934).

O que transparece no trecho acima é que Erasmo parece compartilhar esses valores. O que pede é que os príncipes se comportem como se esperaria deles. Não é por outro motivo que vai escrever a *Institutio principis Christiani*, redigida especialmente para o futuro Imperador Carlos V, de quem era conselheiro honorífico. Trata-se de um manual para o príncipe, mas para o príncipe cristão. Inteiramente contrário ao espírito de Erasmo é o cinismo maquiavélico, que dá como favas contadas que o príncipe deve agir com crueldade sempre que isso for conveniente para os seus fins (que eventualmente podem se confundir com os do Estado).

Pelo contrário, Erasmo lembra que é a população que constrói as cidades que, por capricho ou outro motivo pueril, os príncipes arrasam. Erasmo é um dos primeiros, talvez, a sustentar que a base do governo é o povo, que é a ele que os príncipes devem sua autoridade. "Ora, é esse povo desprezado e obscuro que funda cidades magníficas, é ele que assegura sua administração civil e que as enriquece com seus cuidados. E é nessas cidades que sátrapas se introduzem sub-repticiamente" (QP, § 36, 934).

---

23. GOLDMANN, Lucien. *Ciências Humanas e Filosofia*, 1980.

Assim, a impressão deixada pelo parágrafo anterior de que Erasmo compartilhava os valores que veem na população apenas a ignorância e o mal, e nos governantes apenas bem e conhecimento, é falsa. Nesse ponto, Erasmo revela-se antiplatônico, aproximando-se mais de Aristóteles, para quem a vida nas cidades é vida em comum, voltada para o bem da comunidade.

Outro mal de seu tempo que Erasmo ataca, já mencionado em nossa análise do adágio *Dulce bellum inexpertis*, é o fato de anciãos, e em especial altos dignitários da Igreja, darem o (mau) exemplo de combater e liderar eles próprios expedições guerreiras, além de incitar em toda parte as empreitadas guerreiras. Nesse contexto, vale lembrar mais uma vez o texto *Júlio excluído do céu*, numa passagem em que Pedro pergunta ao ex-Papa: "Que espécie de arranjo antinatural é este que, enquanto vestes as roupagens de um sacerdote de Deus, debaixo delas portas a sangrenta armadura de um guerreiro?"[24]. Trecho que pode ser comparado ao seguinte do *Lamento da paz*: "Como tu, que ocupas o lugar dos apóstolos, podes ensinar ao povo a arte do combate ao mesmo tempo em que os preceitos apostólicos?" (QP, § 37, 935).

Prosseguindo em suas comparações, que têm por objetivo retornar ao cristianismo dos primeiros tempos, Erasmo mostra que mesmo entre os pagãos, no caso os romanos, era preciso estar puro de sangue ao entrar na casa do supremo sacerdote (QP, § 38, 935). Já entre os cristãos são os padres e monges que "inflamam ao assassinato e à carnificina, e fazem da trombeta do Evangelho a trombeta de Marte" (ibid.).

Um exemplo de guerras conduzidas por altos dignitários da Igreja, além do próprio Júlio II, é o de Cisneros, o grande cardeal humanista espanhol, criador da Universidade de Alcalá e incentivador da Bíblia poliglota, esse grande marco do período. Empreende uma espécie de "cruzada particular", limitada a Oran. Passemos a palavra a Marcel Bataillon:

> Mas é precisamente quando ele [Cisneros] não pode contar com os demais [os reis Fernando, da Espanha, Manuel, de Portugal, e Henrique, da Inglaterra] que sua vontade se mostra indomável a toda medida. Limitando

---

24. ERASMUS, "Julius excluded from Heaven", em ERASMUS, 1989, 145.

seu alvo a Oran, fará ali sua cruzada, completamente só, preparando a expedição com o conselho técnico do genovês Girolamo Vianelo e encontrando homens e dinheiro em seu próprio arcebispado. Apodera-se, em primeiro lugar, de Merselquebir. Depois desembarca pessoalmente na África, um dia depois da Ascensão de 1509. Traz uma vitória em que vê um estupendo milagre, entra em Oran pronunciando a invocação do Salmo 115: "Non nobis, Domine, non nobis, sed nomini tuo da gloriam" ["Não a nós, Senhor, não a nós, mas dá glória ao teu nome", trad. do E.] (BATAILLON, 1996, 53).

De fato, tal comportamento está bem distante do espírito dos primeiros apóstolos. Estes procuravam converter mesmo sob risco próprio, mas não a ferro e fogo. Este último comportamento, pelo contrário, era próprio daqueles que perseguiam os cristãos, como Saulo antes de sua conversão (At 8,3.9).

Na verdade, Erasmo estava pregando a paz em um mundo predisposto à guerra e ao belicismo. Os missionários não escapavam a isso, segundo Erasmo. Júlio II predispusera de tal forma os ânimos de uns contra os outros, e em todas as partes da Europa, que após sua morte, em 1513,

> certo número de missionários evangélicos, falo dos minoritas e predicantes, soavam o toque de ataque, do alto da tribuna sagrada, e atiçavam com todas as suas forças a fúria daqueles que já se inclinavam pela guerra. Excitavam uns contra os outros, cada um por sua vez, os ingleses e os franceses, todos exortavam à guerra. Nenhum aconselhava à paz, com exceção de alguns, que por terem pronunciado o meu nome [a paz] foram ameaçados com a pena capital (QP, § 29, 936).

Com efeito, defender a paz era por vezes um exercício arriscado em época de espíritos inflamados e de intolerância generalizada. Se o pacifismo de Erasmo teve um período de glória, recebendo acolhida por parte das cortes[25], após o fracasso da tentativa de conciliação, que teve como marco decisivo o Concílio de Trento, ele esteve em baixa, a ponto de se pôr a cabeça de pacifistas a prêmio, como mostra Jean Delumeau:

---

25. LECLER, 1955, 229: "A corte imperial, de início, e com ela as diversas cortes principescas do Império foram, durante a primeira metade do século XVI, centros muito ativos de humanismo erasmiano".

Quando, em 1559, se soube em Basileia, cidade protestante, que um rico burguês, Jean de Bruges, morto três anos antes, era o anabatista Joris – pacifista cuja cabeça tinha sido posta a prêmio –, o seu caixão foi exumado e procedeu-se à execução póstuma do perigoso defunto (DELUMEAU, 1994, 134).

Erasmo termina o parágrafo condenando as tropas mercenárias suíças – sem nomeá-las –, a quem Júlio II dera como estandarte o símbolo da cruz. Essa condenação das tropas mercenárias também é feita por Maquiavel[26]. A utilização para fins guerreiros dos símbolos de Cristo escandalizam particularmente a paz. No parágrafo 40, Erasmo faz uma paráfrase da oração "Pai-nosso" que merece ser citada, onde ele aponta a contradição *de facto* entre as palavras e os gestos:

> Eu lhes [aos cristãos] pergunto: como, em um tal sacrifício da missa, um soldado poderia rezar o "Pai-nosso"? Ó boca cruel, ousas invocar o nome do Pai, quando buscas cortar o pescoço de teu irmão? *Santificado seja o teu nome...* Mas seria possível profanar ainda mais o nome de Deus entregando-se a tais expansões de ódio entre cristãos?... *Venha a nós o teu reino...* Como podes pedir isto na prece, tu que maquinas para teu proveito um poder tirânico derramando rios de sangue! *Seja feita a tua vontade, assim na terra como no céu...* Mas sua vontade é o reino da paz, e tu, tu preparas a guerra! Pedes a Deus, que é o Pai comum de todos, o *pão nosso de cada dia*, e incendeias as colheitas de teus irmãos, e preferes tu mesmo morrer de fome a vê-los colher de seus esforços. E agora, com que boca ousarás dizer: *E perdoa-nos as nossas dívidas [ofensas] assim como também nós perdoamos os nossos devedores [os que nos ofenderam]*, mesmo apressando-te para assassinar teu irmão? Afastas com tuas preces o perigo da tentação e induzes teu irmão em tentação ao desprezo de sua própria vida. *Mas livra-nos do mal*, pedes ainda, e é deixando-se inspirar por ele que urdes os piores males contra teu irmão (QP, § 40, 937-938; cf. Mt 6,9ss).

Os argumentos são praticamente irrespondíveis, em que pese certo moralismo, inescapável, mas que é característica comum a outros autores do período, como Juan Luís Vives, Alfonso de Valdés, Thomas More e outros.

---

26. MACHIAVELLI, 1928, em especial o "Tratado della guerra".

Os argumentos se repetem, e não vamos nos deter neles aqui, uma vez que boa parte deles já foi examinada no capítulo em que tratamos do adágio *Dulce bellum inexpertis*. Gostaríamos de ressaltar, para terminar esta análise, alguns conselhos e exigências que faz Erasmo em relação aos príncipes, e um parágrafo em que defende a guerra contra os turcos como um "mal menor". Em relação ao primeiro ponto, tomemos como ilustrativo o seguinte parágrafo:

> Se eles [os príncipes] odeiam a guerra do fundo do coração, eu [a paz] lhes daria o conselho graças ao qual poderiam preservar a paz. Uma paz sólida não repousa sobre laços de parentesco entre famílias principescas, nem sobre tratados concluídos entre homens, de onde vemos com frequência a origem de novas guerras. São as próprias fontes de onde decorre esse mal que precisamos purificar: as paixões más, que engendram essas desordens tumultuosas. Pois, enquanto cada príncipe se faz escravo de suas paixões, o Estado se encontra na aflição, sem por isso conseguir obter aquilo que o príncipe pretendeu alcançar ao preço de meios detestáveis. Que os príncipes sejam sábios [sensatos], mas que o sejam não em seu próprio interesse, mas naquele de seu povo, e que sejam verdadeiramente sábios de maneira a que sua majestade, sua felicidade, suas riquezas, sua magnificência se meçam pelo que os torna de fato grandes e magníficos. Que sejam animados em relação a seus Estados dos mesmos sentimentos que os de um pai em relação à sua família. Que um rei só se considere grande se comandar os melhores homens, que só se considere feliz se tornar seus súditos felizes. Ele só pode ser magnânimo se comandar homens tão perfeitamente livres quanto possível; só será rico se tiver um povo rico, seu reino só será florescente se possuir cidades que floresçam em meio a uma paz perpétua (QP, §44, 940-941).

Pontos a serem eliminados a fim de possibilitar uma paz perpétua:

Casamentos dinásticos, com concomitante transferência de terras: os povos não são propriedade a ser transferida de uma família para outra, de um governante a outro.

Conclusão de tratados: estes redigidos muitas vezes com uma profusão de artigos, incluindo artigos ambíguos ou secretos, são na maioria das vezes, na opinião de Erasmo, motivo para guerras futuras.

Que os governantes não se deixem governar pelas paixões, característica usualmente atribuída aos tiranos, mas que se guiem pela razão e pelo interesse público, e não pelo particular.

Está presente nesse trecho, também, a ideia, defendida corajosamente por Erasmo, de que o fundamento último do governo reside no povo e de que a riqueza do príncipe é decorrente da riqueza do povo, quer este compartilhe da riqueza do governante quer não. De qualquer modo, é um imperativo que se governe segundo esses princípios. Em não se obedecendo a eles, o povo pode, em última instância, depor seus governantes injustos.

No que concerne aos tratados, vendo de tal modo desrespeitados os tratados concluídos, e os existentes tão repletos de sutilezas que impossibilitam o fim a que ostensivamente se propõem, Erasmo desacredita completamente nesse meio. Trata-se sem dúvida de um exagero, ao mesmo tempo em que um otimismo em relação à conduta humana, pois, eliminando-se os tratados, passa-se a confiar unicamente na boa vontade dos poderosos do mundo, o que, até para o mais extremado idealista, é esperar demais. Erasmo espera que os governantes se convertam ao verdadeiro cristianismo, isto é, o cristianismo primitivo, à *Philosophia Christi*. Este, com certeza, é um dos pontos fracos da doutrina de Erasmo, e que sem dúvida contribuirá para o fracasso da política baseada em seu pensamento, que dominou toda a primeira metade do século XVI, até o Concílio de Trento e a abdicação do Imperador Carlos V.

Em consequência dessa constatação das causas das guerras, Erasmo propõe, adiante, algumas medidas a fim de limitar a ação dos príncipes. Entre elas estaria o estabelecimento, entre os governantes, de uma convenção, a fim de fixar de uma vez por todas a extensão e os limites dos Estados, eliminando futuras pendências territoriais (QP, § 46, 942). Em relação à sucessão, esta poderá ser o primeiro filho do príncipe, "ou aquele que o sufrágio do povo julgar o mais capaz" (QP, § 46, 942). Deve-se entender por isso não um sufrágio universal entre candidatos livremente escolhidos, mas uma eleição daqueles da família real em condições de participar da sucessão. A ideia do sufrágio universal direto ainda devia estar bem distante da mente dos homens do período. Vimos já os sinais suficientes de respeito de Erasmo em relação às autoridades constituídas.

Finalmente, o parágrafo que desejamos examinar, pela sabedoria que manifesta em relação às paixões humanas no que concerne à guerra, é o seguinte:

Mas, se a guerra, essa doença funesta, é a tal ponto inerente à natureza humana que esta não pode subsistir muito tempo sem aquela, por que os cristãos não desencadeiam essa calamidade funesta de preferência sobre os turcos? Seria, sem dúvida, preferível atrair os turcos para a religião cristã por meio de lições doutrinais, pelo exemplo de ações caridosas e pelo modelo de uma vida inocente, e não pelas armas. No entanto [...], se a guerra não pode ser evitada de maneira alguma, essa desgraça seria pelo menos mais fácil de suportar do que se os cristãos se estraçalhassem entre si e se matassem uns aos outros em plena impiedade. Se um amor recíproco é incapaz de uni-los, que pelo menos eles se unam contra o inimigo comum, que poderá, de uma maneira ou de outra, juntar suas forças, desde que a verdadeira concórdia houver desertado das fileiras dos cristãos (QP, § 49, 944).

Realismo inesperado de Erasmo, o que mostra a que ponto seu espírito é independente, não se prendendo nem mesmo a uma posição tão declarada como a sua contra a guerra. Se, em último caso, não houver possibilidade de evitar a guerra, que esta seja feita, pelo menos, contra um inimigo comum, unindo os cristãos numa cruzada contra inimigos da civilização ocidental, unidos em torno da fé cristã. Erasmo não se ilude sobre a natureza humana: o desejo de morte e destruição faz parte do homem. É por esse motivo que seu discurso se volta principalmente para os príncipes, que devem dar o exemplo, sendo o olho da nação. É muito mais fácil, acredita Erasmo, e com ele muitos de seus contemporâneos e antecessores, formar o príncipe e fazê-lo tomar consciência de seu papel privilegiado na condução dos negócios humanos, do que convencer a população, tão repleta de preconceitos e opiniões infundadas, tendo como base a ignorância, ou seja, nada[27]. Apesar de jamais abertamente falar mal do povo, cabe lembrar que Erasmo só escrevia em latim, o que, ao mesmo tempo em que permitia alcançar todos os países da Europa, restringia o seu público aos leitores cultos.

---

27. Para um exemplo do desprezo em que se tem sobre as opiniões do vulgo, ver Juan Luís VIVES, "Introdução à sabedoria", em VIVES et al., 1970, 5: "É de notar que são danosas as opiniões do vulgo, que com grandíssimo desatino julga das coisas" e: "Grande mestre é o vulgo para ensinar a errar" etc.

Erasmo termina o seu texto com uma exortação aos príncipes cristãos, aos dignitários da Igreja, mas de modo geral a todos os cristãos, para que suspendam esse banho de sangue, para que se unam, enfim, em Cristo.

Examinaremos, a seguir, para terminar esta breve análise de uma parte do pensamento de Erasmo, a *Consultatio de bello Turcico*.

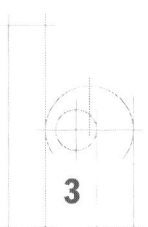

3
A doutrina erasmiana da paz

> Por tradição humana, por temperamento, por convicção pessoal, Erasmo é um pacifista. […] Fiel às tradições do humanismo, Erasmo pede a seus contemporâneos para olhar menos para o que os separa do que para aquilo que pode contribuir para aproximá-los
>
> (LECLER, 1955, 134 e 142).

Para concluir esta análise do pensamento de Erasmo no que concerne à guerra e à paz, queremos mostrar outra faceta desse pensador, que não vimos até aqui, a não ser em momentos isolados, e que consiste em refletir de maneira pragmática. Esse pragmatismo pode ser expresso como uma adaptação do pensador à circunstância, ou melhor, como a capacidade, por parte do pensador, de levar em conta as circunstâncias ao elaborar seu julgamento. No caso, vamos analisar, rapidamente, o texto que tem por título, em latim, *Utilissima consultatio de bello Turcis inferendo* e que poderíamos traduzir por "Consulta utilíssima sobre a questão de saber se se deve fazer guerra contra os turcos".

O texto é escrito em 1930, na forma de uma carta, respondendo efetivamente a uma consulta da parte de Johan Rinck, de Colônia. Os turcos, tendo à frente Suliman (II)[1], o "Legislador", o "Magnífico", o

---

1. O número entre parênteses serve para indicar a controvérsia entre historiadores ocidentais e orientais a respeito de ter havido um Suliman I, irmão e rival de Maomé I, e que não é reconhecido pelos orientais.

"Grande", aproveitam-se de uma disputa entre governantes ocidentais, entre os quais Ferdinando da Áustria, irmão de Carlos V, e o rei eleito João Zapolya, da Polônia, celebram um tratado com este último e avançam na Europa, rumando a Viena. É nesse contexto que é feita a consulta.

1. A *Consultatio de bello Turcis inferendo*

Não nos prenderemos aqui ao detalhe do texto, pois o principal no que concerne ao pensamento de Erasmo sobre a guerra já foi dito. O que diferencia este texto dos outros dois que examinamos, o adágio *Dulce bellum inexpertis* e a *Querela pacis*, é que, aqui, ainda que de maneira relutante, Erasmo admite a guerra. Já nos outros textos, ele reservava essa possibilidade para os casos extremos, para o caso de necessidade, esgotados todos os recursos da negociação diplomática e até mesmo da comercial.

O argumento central é que, antes de empreender uma guerra contra os turcos (muçulmanos), é preciso purificar os costumes dos cristãos, é preciso que haja uma unidade, uma unidade em Cristo. À força das armas é preciso acrescentar o exemplo. Os turcos serão vencidos se, além de conquistados militarmente, o forem pela convicção. Em caso de vitória dos cristãos, diz Erasmo, como se asseguraria a manutenção dos territórios conquistados? Por meio de guarnições, enormes e extremamente dispendiosas? Pelo massacre dos vencidos?[2] Não! É preciso fazer um pouco como os romanos: "romanizar" as populações subjugadas, convertê-las ao modo de vida cristão, e isso só se alcança se houver um comportamento unificado por parte dos países cristãos.

Por que Erasmo se rende ao argumento de que é preciso empreender a guerra? Na verdade, ele não se rende totalmente: "Uma guerra contra os turcos não é de meu agrado, a menos que nos force a isso uma necessidade inelutável" (*Cons.*, 370). Para Erasmo, é verdade que os turcos constituem uma ameaça, e seria terrível aos cristãos viver sob a dominação turca, mas mesmo isso não serve de desculpa para praticar atroci-

---

2. *Utilissima consultatio de bello Turcis inferendo*, em MARGOLIN, 1973, 370 (daqui por diante, *Cons.*, seguido do número da página).

dades contra o inimigo. É preciso, enfim, garantir os propósitos cristãos da empreitada e evitar os saques e carnificinas habituais nas guerras de então. O montante reunido para as cruzadas, por exemplo, acaba muitas vezes entre as mãos de príncipes, pontífices, cardeais, sem que o dinheiro chegue aos soldados, cujo soldo acaba sendo o saque.

Erasmo deixa afinal a responsabilidade da decisão sobre a realização da guerra aos soberanos dos países cristãos, em especial a Carlos V, o Imperador, reconhecido como chefe supremo da cristandade, do ponto de vista temporal. Nesse nível, supranacional, Erasmo não menciona a possibilidade de um plebiscito para decidir sobre a realização da guerra, mesmo porque seria impraticável. No âmbito nacional, porém, como vimos em outros textos, essa decisão cabe à população como um todo: os príncipes deveriam consultar o povo antes de empreender uma guerra na qual o principal prejudicado seria o próprio povo.

Encerraremos aqui a análise dos textos selecionados de Erasmo no que concerne à guerra e à paz. Concluiremos esta parte da obra com um comentário sobre a doutrina erasmiana da paz.

2. A doutrina erasmiana da paz

No capítulo anterior, já havíamos visto alguns dos pontos que constituiriam a doutrina erasmiana da paz ou aspectos que precisariam ser resolvidos a fim de tornar possível a paz. São estes: casamentos dinásticos, conclusão de tratados e que os governantes não se deixem governar pelas paixões[3].

Essas são as exigências que se põem para os governantes. Mas e para os súditos, para a cristandade como um todo? Vejamos, pois, de modo mais geral, o pensamento de Erasmo em relação ao tema da tolerância e da paz. Em primeiro lugar, a unidade da Igreja cristã, que fora relativamente tranquila até o século XVI, é subitamente ameaçada, com a eclosão do movimento protestante, mais precisamente com Lutero. Não que não tivesse havido, anteriormente, movimentos de reforma, dentro

---

3. Ver Capítulo 2.

e fora da Igreja, mas estes não chegaram a ameaçar seriamente a unidade eclesial. Assim, "o grande problema de Erasmo não é mais o Islã e os infiéis, mas a aproximação e a reconciliação dos cristãos divididos" (LECLER, 1955, 133ss)[4]. A guerra repugna ao seu espírito humanista e cristão. Parece-lhe contrária ao ensinamento tanto dos filósofos pagãos como, sobretudo, de Cristo a guerra entre príncipes cristãos e mesmo contra os turcos lhe causando horror, devendo ser outras as "armas" da religião. Erasmo propõe o desarmamento e a fixação, de uma vez por todas, dos limites territoriais, para que estes não sejam objeto de controvérsia e de guerras futuras (id., 134).

Em relação a Lutero, por exemplo, sua recomendação é quase sempre para que se procure atraí-lo, convencendo-o, em vez de perdê-lo utilizando as armas da Inquisição ou mesmo as armas do Império. É melhor atrair pelo exemplo do que combater a ferro e fogo:

> Enquanto o próprio dos teólogos é de instruir, vejo agora muitos que não fazem outra coisa senão forçar, perder ou suprimir, enquanto Agostinho, mesmo no caso dos donatistas – que não eram heréticos, mas sim terríveis bandidos –, desaprova aqueles que se contentam em constranger, em lugar de instruir[5].

Ainda que Agostinho viesse a mudar de ideia em relação aos donatistas, aceitando combatê-los com meios mais firmes (id., 87 e passim)[6], o argumento central é que o primeiro dever do cristão é tentar convencer, ou converter, pela Palavra, pelo Espírito, e não pela força. Além disso, a acusação de heresia é feita com demasiada rapidez, muitas vezes sem

---
    4. Neste capítulo, seguiremos de perto a análise de Lecler. Para a existência de movimentos de reforma antes do século XVI, ver DELUMEAU, 1965 e 1994. Quanto à origem do nome "protestante", eis o que diz DELUMEAU, 1994, 126: "Quando, em 1529, uma dieta quis fazer valer novamente o édito de Worms, que bania do Império o reformador, seis príncipes e quatorze cidades protestaram – e daí o nome de 'protestantes'".
    5. Carta a Albert de Brandebourg de 19 de outubro de 1519, citada por LECLER, 1955, 135.
    6. É de notar que Santo Agostinho só toma esse partido dada a intransigência dos próprios donatistas, assim mesmo manifestando muitas reservas e fortemente apoiado nas Escrituras.

levar em conta a discussão de dogmas autênticos da fé, e sim pontos teológicos sutis. Erasmo não nega que se devam perseguir os hereges, somente sustenta que a acusação de heresia é feita com demasiada facilidade: "Admito que é uma grave acusação a de viciar a fé, mas não se deve, todavia, fazer de tudo uma questão de fé" (ibid.). Seu primeiro movimento, portanto, é o de defender Lutero, embora não nutra simpatia pessoal por ele, a cujo caráter radical era avesso. Julga somente que Lutero tem razão em muitas das acusações que faz contra a Igreja e que esta faria melhor se as levasse em consideração, procurando atrair para o seio dela "o filho pródigo", em lugar de constituí-lo em seu inimigo declarado. Erasmo mesmo, em seus escritos, especialmente nos *Colóquios* e particularmente em *Júlio excluído do céu*, cuja autoria acreditamos ter estabelecido anteriormente, ataca igualmente alguns dos vícios da Igreja, como a corrupção dos padres, sua venalidade, o espírito guerreiro de alguns de seus mais altos dignitários e assim por diante.

Sua atitude não muda quando a rebelião se espalha: é preciso reconduzir aqueles que se perderam; em nome da unidade da Igreja, da paz, é preciso praticar certa tolerância em relação às seitas que estão "no erro". A tolerância que prega nesse contexto, portanto, basicamente é a da paciência em relação aos que estão errados, os quais, com o tempo, poderão vir a enxergar a Verdade. Trata-se de "suportar" os que pensam de maneira diferente. Michael Walzer descreve alguns tipos de tolerância possíveis, e vale a pena conferir aqui essa descrição, a fim de melhor situarmos a tolerância de que estamos falando[7]:

> Entendida como uma atitude ou estado de espírito, a tolerância descreve algumas possibilidades. A primeira delas, que remonta às origens da tolerância religiosa no século XVI e no XVII, é simplesmente uma resignada aceitação da diferença para preservar a paz. As pessoas vão se matando durante anos e anos, até que, felizmente, um dia a exaustão se instala, e a isso denominamos tolerância. Mas é possível identificar um *continuum* de aceitações mais substantivas. Uma segunda atitude possível é passiva, descontraída, bondosamente indiferente à diferença: "Há lugar para tudo no mundo".

---

[7]. Já abordamos essa descrição na Introdução, mas achamos importante retomá-la aqui.

Uma terceira decorre de uma espécie de estoicismo moral: um reconhecimento baseado no princípio de que os "outros" têm direitos, mesmo quando exercem tais direitos de modo antipático. Uma quarta expressa abertura para com os outros; curiosidade, talvez respeito, uma disposição de ouvir e aprender. E, no ponto mais avançado do *continuum*, está o endosso entusiástico da diferença. É um endosso estético, se a diferença for tomada como a representação cultural da grandeza e da diversidade da criação divina ou do mundo natural. É um endosso funcional, se a diferença for vista, como na liberal argumentação multiculturalista, como uma condição necessária para a prosperidade humana, aquela que possibilita a cada homem e mulher as escolhas que dão significado a sua autonomia (WALZER, 1997, 10-11)[8].

Diante desta classificação, diríamos que a atitude de Erasmo se situa entre a primeira e a terceira forma de tolerância: uma atitude de "resignada aceitação da diferença para preservar a paz" e "uma espécie de estoicismo moral", não tanto diante do que se considera "antipático", mas do que se considera "errado".

Assim, Erasmo não se posiciona contra nenhuma condenação por heresia nem sequer se opõe a que se queimem os hereges, apenas que não se lance mão desse recurso de maneira indiscriminada: "Que se lance ao fogo, admito, aquele que combate os artigos de fé [...]. Mas não é justo que qualquer erro seja punido pelo fogo, a menos que a ele se acrescente a sedição ou qualquer outro crime que as leis punam com a morte" (citado por LECLER, 1955, 137). De qualquer modo, não acredita que os meios violentos sejam os remédios mais eficazes contra a heresia. A tortura e os meios violentos, ainda que levem a melhor por algum tempo, "não farão cessar os murmúrios secretos nem os julgamentos de consciência"[9].

Tudo é preferível à guerra. Somente em caso de necessidade se deveria recorrer a esta última. Mas o que é indubitável é que a tolerância de Erasmo, como a de muitos de seus contemporâneos, era limitada. Havia uma crença na unidade da verdadeira religião, a cristã. O mesmo pode ser dito, por exemplo, de More. Este nunca deixou de ser católico, e, em sua ilha utópica, havia uma única religião oficial, embora não houvesse prisão pela prática de outras religiões, a não ser por excesso de zelo ou

---

8. Servimo-nos da tradução: WALZER, 1999, 16-17.
9. Carta a Simon Pistorius, setembro de 1527, em LECLER, 1955.

fanatismo (cf. LECLER, 1955, 152ss). O que não diminuiu o mérito de More, cuja tolerância não pode por isso ser posta em questão. Isso ajuda a entender a posição de nosso autor. Segundo Lecler, "a tolerância das seitas cristãs jamais apareceu a Erasmo senão como solução provisória". Ela só constitui para ele um expediente, aguardando a restauração da unidade cristã. Para Erasmo, e para outros humanistas do período, o tempo se encarregaria de mostrar o verdadeiro caminho àqueles que se extraviaram. Esse caminho, na visão de Erasmo, é fornecido pelo próprio Cristo. Basta inspirar-se em seus atos e palavras para compreender que seu ensinamento não é senão o da caridade, do amor e da paz. Essa *Philosophia Christi* é mais plenamente desenvolvida em *Enchiridion militis Christiani* [Manual do soldado cristão], que não exporemos aqui. O que importa salientar é que, como More, Erasmo tem aversão ao fanatismo, de ambos os lados, e, "em seu amor pela paz, [...] condena todos aqueles que, por sua violência e por sua intransigência, tornam vã qualquer possibilidade de acordo" (id., 141). E Lecler acrescenta, algumas linhas depois: "Contra todo extremismo, Erasmo prega [...] aos cristãos desunidos o espírito evangélico de paz, de concórdia e de caridade". A consequência prática dessa atitude é pregar uma tolerância moderada em relação aos luteranos. Tal tolerância estaria mais de acordo com o espírito da filosofia cristã, e é pelo exemplo que o cristianismo deve trazer os adversários para o seu lado.

Em que pese certa simplificação das questões da fé, operada por Erasmo e apontada por Lecler, a ideia é recuperar noções primitivas e essenciais do cristianismo, embaralhadas pelos séculos de discussões escolásticas. O importante é "reduzir a fé a um pequeno número de artigos e abandonar o resto à livre discussão" (id., 144). É nesse contexto que Erasmo escreve a carta a Jean Carondelet, arcebispo de Palermo, em 5 de janeiro de 1523:

> A Suma de nossa religião é a paz e a concórdia, o que só se pode manter sem dificuldade sob uma condição: definir o menor número possível de dogmas e para muitas coisas deixar cada um a seu próprio juízo. É que de fato a obscuridade de muitas questões é imensa. Além disso, é um mal inato no espírito dos homens que eles não sabem mais ceder, desde que uma coisa foi posta em discussão [...]. Para muitos problemas apela-se hoje em

dia ao concílio ecumênico; seria melhor remetê-los para o dia em que, o enigma e o espelho tendo desaparecido, veremos Deus face a face (citado em LECLER, 1955).

Nessa citação, que pusemos como epígrafe de nosso trabalho, resume-se o essencial da doutrina de Erasmo, tanto no que diz respeito à religião, quanto no que diz respeito à relação entre os homens. A essência da religião cristã consiste na paz e na concórdia, mas os homens de seu tempo têm dificuldade de enxergar essa verdade evidente. É preciso reduzir o número de dogmas. Assim como na Constituição da Inglaterra, o importante é definir alguns pontos fundamentais e deixar o resto à discrição dos homens, reis, juízes ou meros cidadãos. Do mesmo modo, no reino de Deus, na Cidade de Deus, ou no mundo verdadeiramente cristão, importa definir alguns pontos doutrinários essenciais e em seguida deixar aos homens a liberdade (o "livre-arbítrio"!) de se comportar de acordo com o que consideram melhor, tendo essas regras como pressuposto. A obscuridade das questões atuais é um obstáculo ao entendimento e à concórdia entre os homens. Além disso, os homens (e mulheres), ao entrar numa discussão, querem sempre vencer, sem se dispor a ser convencidos ou a mudar de opinião ou, ainda, a aceitar a opinião do outro. Muito tempo se passaria ainda antes de ser desenvolvida uma teoria da linguagem, como a que desembocou na teoria do agir comunicativo de Habermas, ou numa teoria da paz como a de Kant e Rawls, que prevê o acordo sobre um número mínimo de pontos, o resto sendo deixado à discrição dos povos[10].

Por fim, Erasmo diz que se apela muitas vezes a um concílio ecumênico para a resolução dos conflitos. O filósofo não acredita que esse fórum, tampouco, seja capaz de dirimir as dúvidas e as divergências de interpretação, a não ser de forma autoritária, impositiva e, portanto, sem efeito sobre os espíritos: "Seria melhor remetê-los para o dia em que, o enigma e o espelho tendo desaparecido, veremos Deus face a face". Não se trata de questões que possam ser resolvidos aqui, no mundo terreno, mortal; trata-se de questões que dizem respeito ao ser de Deus e, por conseguinte, em última instância, questões incognoscíveis. Erasmo ins-

---
10. Para maior desenvolvimento, ver ROUANET, 2002 e 2010.

pira-se bastante nos Padres da Igreja, em especial em Santo Agostinho, mas a carta a Jean Carondelet serve na verdade de prefácio à sua edição das obras de Santo Hilário. Não podemos entrar aqui nesse domínio, e por isso nos limitamos a indicá-lo. A referência final ao enigma e ao espelho é, a nosso ver, uma referência à passagem da Bíblia que pusemos como nossa segunda epígrafe:

> É somente pela conversão ao Senhor que o véu cai. Pois o Senhor é o espírito, e onde se acha o Espírito do Senhor, ali está a liberdade. E nós todos que, com a face descoberta, refletimos como num espelho a glória do Senhor, somos transfigurados nessa mesma imagem (2Cor 3,16-18).

O véu seria o enigma, a obscuridade das questões e do entendimento, que somente é desfeita pelo Espírito. Confrontados com o Senhor, de quem somos a imagem, vemos, como num espelho, a "glória do Senhor", isto é, aos olhos do cristão, a Verdade.

É a uma reforma que Erasmo convida, por conseguinte, e nisso ele antecede Lutero, e mesmo o inspira. Suas traduções da Bíblia, acompanhando o advento da grande invenção tecnológica de sua época, a prensa, com sua consequente divulgação, contribuíram para que os homens tivessem acesso direto às Escrituras, antes monopólio do clero. Com isso, abriu-se caminho para a multiplicidade de interpretações. Lutero foi um desses tradutores e intérpretes, e no começo expressa sua admiração por Erasmo. Mais tarde, desiludido com o que vê como uma hesitação da parte de Erasmo, pede-lhe que pelo menos não tome partido contra ele. A bem da verdade, Erasmo nunca pensou em deixar de apoiar Roma; não via razões suficientes para isso, não encontrava na causa luterana motivos suficientes para ser supliciado. Erasmo era também um hedonista ou, melhor dizendo, um epicurista, e não se julgava capaz de resistir à tortura. Precisaria ter razões muito fortes para se arriscar desse modo e nunca simpatizou com o extremismo dos partidários de Lutero. A esse respeito, diz Lecler:

> Esse lealismo de Erasmo em relação à Igreja é em seu caso perfeitamente lógico. Uma reforma por ruptura com a cristandade tradicional, como queria Lutero, era a seus olhos um escândalo e uma loucura. Toda a tradição humanista visava aproximar os homens e mesmo uni-los, se possível, na mesma

fé religiosa. Como o príncipe dos humanistas poderia ter aceitado um cisma que dividia os cristãos em dois campos opostos? (LECLER, 1955, 148).

Em todos os aspectos, portanto, tanto no que concerne às lutas religiosas quanto no que diz respeito às guerras, que tinham por motivo não só os pretextos religiosos, mas certamente tinham também motivações políticas e econômicas[11], Erasmo manifesta-se sempre a favor da paz, apresentando propostas importantes no sentido da realização de uma paz verdadeira. Já vimos algumas de suas propostas no campo político. No campo religioso, defende: (1) uma reforma efetiva dos costumes e das instituições da Igreja, no sentido de atender às disposições originais do cristianismo; (2) a redução dos pontos doutrinais, a fim de diminuir a divergência em relação a eles; (3) a tolerância, mesmo que provisória, das seitas, como maneira de possibilitar uma unificação futura em torno da doutrina cristã; (4) o uso, primeiro, do exemplo e da argumentação, deixando somente para um último caso o uso da força.

Esses mesmos princípios, acreditamos nós, poderiam estar por trás de uma reforma das relações internacionais.

---

11. Ver, para uma interessante relação entre as guerras e suas motivações econômicas e políticas, Charles TILLY, "War making and State making as organized crime", in EVANS; RUESCHEMEYER; SKOCPOL (eds.), 1985, 169-191.

Conclusão

Passaram-se mais de vinte anos desde que defendi a tese de doutorado *O enigma e o espelho* (cf. ROUANET, 2000). No que se refere à segunda parte da tese, ela foi publicada em livro como *O enigma da justiça* (cf. ROUANET, 2002). Quanto à segunda parte, esta que agora apresento no formato de livro, nunca foi publicada. Com o tempo, e após a releitura e revisão que efetuei, estou convencido de que o texto conserva sua atualidade, e o mesmo se pode dizer sobre o pensamento de Erasmo, passados quinhentos anos do *floruit* do autor (1466-1536).

Em particular, suas reflexões sobre a paz (e a guerra) conservam toda a sua atualidade, não obstante o viés assumidamente cristão. Como se mostrou, não se vivia, então, em uma época propícia ao agnosticismo, e muito menos ao ateísmo. Do mesmo modo, o pacifismo, defendido por Erasmo era atacado por todos os lados. Isso é mostrado, exatamente, no texto *Querela pacis* ["Lamento da paz"], que comentei acima, no Capítulo 2. A paz é atacada por todos e não encontra guarida em lugar algum: nas cidades, nas universidades, nos mosteiros... Nem por isso a posição de Erasmo é descolada da realidade: não se trata de um "mau utopismo", na expressão de Michael Walzer. Consultado sobre se a cristandade deve se defender dos "turcos" (*Consultatio de bello Turcis inferendo*), texto examinado no Capítulo 3, Erasmo não hesita: cristãos, sim; burros, não. É preciso se defender. É, aliás, esse o grande ponto em comum entre Erasmo e Rawls: ambos admitem apenas guerras defensivas, nunca ofensivas. Trata-se de uma variante do antigo tema da *guerra justa*.

Para quem achar que a posição de Erasmo é demasiado idealista, é preciso pensar que se trata de uma posição de princípio. A guerra sempre tem custos, especialmente para a população mais pobre, que não tem como fugir das condições que lhe são impostas pelos conflitos, causados em geral pelos governantes. Exemplo disso é a absurda guerra extemporânea entre a Rússia e a Ucrânia, iniciada em fevereiro de 2022, e até o momento em que escrevo (maio de 2023), sem perspectivas de solução. Pelo contrário, as autoridades russas anunciam aumento de efetivo para 1,5 milhão de soldados. Isso implica, necessariamente, recrutas jovens, sem treinamento, sem vestuário e sem armamentos adequados. Vê-se serem repetidos alguns dos principais problemas constatados na época da Guerra da Crimeia (cf. ROUANET, 2022).

É hora de encerrar. Espero que as páginas acima contribuam para revitalizar os estudos sobre Erasmo, autor dos mais prolíficos e também dos menos conhecidos em nossos dias. Quem sabe este livro suscite a publicação de alguns dos textos de Erasmo mais relevantes, entre os quais cito: *Lamento da paz, Júlio II excluído do céu,* o *Manual do soldado cristão,* os *Adágios* e os *Colóquios.*

Paz e bem!

CAMPINAS, BOSQUE DOS JEQUITIBÁS,
4 DE MAIO DE 2023

Referências

AQUINO, Tomás de. *Súmula contra os gentios* [preâmbulo]. Trad. Luiz João Baraúna. São Paulo: Abril Cultural, 1973.
ARISTÓTELES. *Política*. Trad. Therezinha Monteiro Deutsch, Baby Abrão, *in Aristóteles – Vida e obra*. São Paulo: Nova Cultura, 1999.
BATAILLON, Marcel. *Erasmo y Espagna*. Trad. Antonio Alatorre. México: Fondo de Cultura Económica, 1996.
BERLIN, Isaiah. *Os limites da utopia*. Trad. Valter Lellis Siqueira. São Paulo: Cia. das Letras, 1991.
BÍBLIA de Jerusalém, 7ª impr. São Paulo: Paulus, 1995.
BIGNOTTO, Newton. *Maquiavel republicano*. São Paulo: Loyola, 1991.
_____. *O tirano e a cidade*. São Paulo: Discurso Editorial, 1998.
CHAUÍ, Marilena. *A nervura do real*. São Paulo: Cia. das Letras, 1999.
DAHL, Robert. *Poliarquia*. Trad. Celso Mauro Paciornik. São Paulo: EDUSP, 1997.
_____. *Um prefácio à teoria democrática*. Trad. Ruy Jungmann. Rio de Janeiro: Jorge Zahar, 1989.
DELUMEAU, Jean. *A civilização do Renascimento*. Trad. Manuel Ruas. Lisboa: Estampa, 1994.
_____. *Naissance et affirmatin de la Réforme*. Paris: P.U.F., 1965.
DESCARTES, René. *Oeuvres et lettres*. Paris: Gallimard, 1953.
DÜRER, Albrecht. *Diary of his journey to the Netherlands, 1520-1521*. Trad. P. Trou. Londres: Lund Humphries, 1971.
ELIAS, Norbert. *O processo civilizador. Uma história dos costumes*. Trad. Ruy Jungmann. Rio de Janeiro: Jorge Zahar, 1990.

EOYANG, Eugene. *Coat of many colors*. Boston: Beacon Press, 1995.
ERASMO, Desidério. *Éloge de la folie*. *Adages, colloques, réflexions sur l'art, l'éducation, la religion, la guerre, la philosophie et correspondance*. Trad. C. Blum, A. Godin, J.-C. Margolin e D. Ménager. Paris: Robert Lafont, 1992.
_____. *Enchiridion militis christiani*. Trad. A. J. Festugière. Paris: Vrin, 1971.
ERASMUS, Desiderius. *The praise of folly and other writings*. Trad. Robert M. Adams. New York/Londres: W. W. Norton & Company, 1989.
EVANS, Peter B.; RUESCHEMEYER, Dietrich; SKOCPOL, Theda (eds.). *Bringing the state back*. Cambridge: Cambridge University Press, 1985.
FEBVRE, Lucien. *Erasmo, la contrarreforma y el espíritu moderno*. Trad. Carlos Piera. Barcelona: Martinez Roca, 1970.
FOUCAULT, Michel. *As palavras e as coisas*. Trad. Salma Tannus Muchail. São Paulo: Martins Fontes, [7]1995.
_____. *Vigiar e punir*. Petrópolis: Vozes, [16]1998.
FRANCO JUNIOR, Hilário. *A Idade Média. O nascimento do Ocidente*. São Paulo: Brasiliense, 1986.
GEERTZ, Clifford. *A interpretação das culturas*. Rio de Janeiro: Guanabara Koogan, 1989.
GIDDENS, Anthony. *The consequences of Modernity*. Cambridge: Polity Press, 1990.
GILSON, Étienne. *Introduction à l'étude de sain Augustin*. Paris: Vrin, 1943.
GLENDON, Mary Ann. *Rights talk. The impoverishment of political discourse*. New York/Londres: The Free Press, 1991.
GOLDMANN, Lucien. *Ciências Humanas e Filosofia*. Trad. Lupe Cotrim. São Paulo: DIFEL, 1980.
HELD, David. *Democracy and the global order. From the Modern State to cosmopolitan governance*. Stanford, CA: Stanford University Press, 1995.
HUIZINGA, Johan. *Erasmo*. Trad. José Luís Borges Coelho. Lisboa: Portugália, 1970.
JORDAN, Wilbur K. *The development of religious tolerance in England*. Gloucester, Mass.: Peter Smith, 1965.
KANT, I. *Ideia de uma história universal de um ponto de vista cosmopolita*. Trad. Rodrigo Naves e Ricardo R. Terra. São Paulo: Brasiliense, 1986.
_____. *Gesammelte Werke*. 12 Bd. Frankfurt a. M.: Suhrkamp, 1977.
KUKATHAS, Chandran; PETTIT, Philip. *Rawls. Uma teoria da justiça e seus críticos*. Trad. M. Carvalho. Lisboa: Gradiva, 1995.
LAMPEDUSA, Tomasi di. *O leopardo*. Trad. José Antonio Pinheiro Machado. Porto Alegre: L&PM, 1983.

LECLER, Joseph. *Histoire de la tolérance au siècle de la Réforme.* Paris: Aubier-Montaigne, 1955.

LOCKE, John. *A letter concerning toleration.* Chicago: Encyclopaedia Britannica, 1952.

_____. *Carta acerca da intolerância.* Trad. Anoar Alex. São Paulo: Abril Cultural, ²1978.

_____. *Carta sobre a tolerância.* Trad. Flávio Fontenelle. Belo Horizonte: Autêntica, 2019.

LOQUE, Flávio F. (org.). *Quatro textos sobre a tolerância. A perseguição religiosa no início da Modernidade.* São Paulo: Scientiae Studia, 2022.

MACHIAVELLI, Niccoló. *Tutte le opere.* Florenza: G. Barberà, 1928.

MARCÍLIO, Maria Luiza. A lenta construção dos direitos da criança brasileira. Século XX. *Revista USP,* 37, "Dossiê Direitos Humanos". São Paulo: USP, Coordenadoria de Comunicação Social (mar-maio 1998), 46-57.

MARGOLIN, Jean-Claude. *Guerre et paix dans la pensée d'Érasme.* Paris: Aubier-Montaigne, 1973.

MULHALL, Stephen; SWIFT, Adans (org.). *Liberals and communitarians.* Malden, Mass.: Blackwell, ²1997.

NICKEL, James W. *Making sense of Human Rights.* Berkeley/Los Angeles/London: University of California Press, 1987.

RIBEIRO, Renato Janine. *A última razão dos reis.* São Paulo: Cia. das Letras, 1993.

RORTY, Richard. *Contingência, ironia e solidariedade.* Trad. Nuno Ferreira da Fonseca. Lisboa: Editorial Presença, 1992.

ROUANET, Luiz P. *À paz perpétua. Estudo sobre o pensamento político de Kant.* Dissertação de Mestrado. São Paulo: FFLCH-USP, 1994.

_____. Between realism and idealism: the contemporary dilemma in peace debates. *Philosophy International Journal,* 2022, 5 (3), 000261. Disponível em: https://www.medwinpublishers.com/PhIJ/between-realism-and-idealism-the-contemporary-dilemma-in-peace-debates.pdf. Acesso em: 22 jan. 2023.

_____. *Paz, justiça e tolerância no mundo contemporâneo.* São Paulo: Loyola, 2010.

_____. *Rawls e o enigma da justiça.* São Paulo: Unimarco, 2002.

ROUANET, Sergio Paulo. Erasmo pensador iluminista. In: _____. *As razões do Iluminismo.* São Paulo: Cia. das Letras, 1998.

ROUSSEAU, Jean-Jacques. Esquisse sur le projet de paix perpétuelle de l'abbé de Saint Pierr. In: _____. *Oeuvres complètes,* t. III. Paris: Gallimard, 1964.

_____. *Considerações sobre o governo da Polônia e sua reforma projetada.* São Paulo: Brasiliense, 1982.

SAINT-PIERRE, Abbé de. *Projet pour rendre la paix perpétuelle en Europe.* Paris: Garnier, 1981.

SCHMIDT, Thomas M. Religious pluralism and democratic society: political liberalism and the reasonableness of religious beliefs. *Philosophy and Social Criticism,* v. 25, n. 4 (1999), 43-56.

SHUE, Henry. *Basic rights.* Princeton: Princeton University Press, [2]1996.

TORRELL, Jean-Pierre. *Iniciação a santo Tomás de Aquino.* Trad. Luiz Paulo Rouanet. São Paulo: Loyola, 1999.

TREVELYAN, George Macaulay. *Historia política de Inglaterra.* Trad. Ramon Iglesia. México: Fondo de Cultura Económica, [2]1984.

VIVES, Juan Luís et al. *Moralistas espanhóis.* Trad. Acácio França. São Paulo/Rio de Janeiro/Porto Alegre: Jackson, 1970.

VOLTAIRE. *Tratado sobre a tolerância.* Trad. Paulo Neves. São Paulo: Martins Fontes, 1993.

WALZER, Michael. *Da tolerância.* Trad. Almiro Pisetta. São Paulo: Martins Fontes, 1999.

_____. *On toleration.* New Haven/London: Yale University Press, 1997.

WEBER, Max. *A ética protestante e o espírito do capitalismo.* Trad. Tomás da Costa. São Paulo: Cia. das Letras, 1992.

Edições Loyola

editoração impressão acabamento

Rua 1822 n° 341 – Ipiranga
04216-000 São Paulo, SP
T 55 11 3385 8500/8501, 2063 4275
www.loyola.com.br